INFLUENCIA ESPIRITUAL

T0321558

INFLUENCIA ESPIRITUAL

EL PODER SECRETO
DETRÁS DEL LIDERAZGO

MEL LAWRENZ

PRÓLOGO POR SKYE JETHANI

La misión de Editorial Vida es ser la compañía líder en satisfacer las necesidades de las personas con recursos cuyo contenido glorifique al Señor Jesucristo y promueva principios bíblicos.

INFLUENCIA ESPIRITUAL
Edición en español publicada por
Editorial Vida – 2013
Miami, Florida

© 2013 por Editorial Vida
Este título también está disponible en formato electrónico.

Originally published in the USA under the title:
Spiritual Influence
Copyright © 2012 by Mel Laurenz
Published by permission of Zondervan, Grand Rapids, Michigan 49530
All rights reserved
Further reproduction or distribution is prohibited.

Editora en Jefe: *Graciela Lelli*
Traducción y edición: *produccioneditorial.com*
Diseño interior: *produccioneditorial.com*

ISBN: 978-0-82976-344-7

CATEGORÍA: Ministerio cristiano / General

IMPRESO EN ESTADOS UNIDOS DE AMÉRICA
PRINTED IN THE UNITED STATES OF AMERICA

13 14 15 16 17 ❖ 6 5 4 3 2 1

Este libro está dedicado a Stuart Briscoe
y (*in memoriam*) a John Stott.
Influyentes extraordinarios.

CONTENIDO

Parte 1
PONIENDO LAS BASES

Parte 2
TOMANDO LA INICIATIVA

Parte 3
PROFUNDIZANDO

Parte 4
ENFRENTANDO LOS DESAFÍOS

PRÓLOGO

No hace mucho tiempo entrevistaron al exitoso pastor de una gran congregación acerca de su filosofía de liderazgo.

—¿Qué es meramente espiritual en su liderazgo? —le preguntaron.

—No existe nada exclusivamente espiritual —respondió él—. Creo que uno de los grandes problemas de la iglesia ha sido la dicotomía entre la espiritualidad y el liderazgo. Yo crecí en una cultura donde todo estaba demasiado espiritualizado —añadió.

Esta actitud, dijo, provocó que muchos cristianos perdonasen la incompetencia y el derroche de parte de sus líderes simplemente porque eran agradables, bienintencionados u oraban muy bien.

En vez de eso, el había adoptado la creencia de que un liderazgo apropiado está basado en los buenos principios que pueden descubrirse en cualquier esfera: los negocios, el gobierno o la iglesia. Según sus palabras: «Un principio es un principio, y Dios fue el que los creó todos».

Después de haber abandonado la idea de que algunos modelos de liderazgo son espirituales y otros no, se le abrieron las puertas para adoptar modelos eficaces de casi cualquier sitio. Y eso es exactamente lo que ha estado ocurriendo en los últimos treinta años. Pero, ¿ha sido nuestro deseo de tener principios de liderazgo eficaces una reacción desmesurada a los abusos y la ineptitud de las anteriores generaciones de líderes cristianos? ¿Hemos sido muy rápidos al rechazar las dimensiones espirituales del verdadero liderazgo cristiano? Después de todo, aunque los principios seculares del liderazgo se consideran eficaces en las empresas en expansión, generando ingresos o creando fidelización a la marca, ¿se pueden utilizar de la misma manera en el trabajo en el reino de Dios, que no es de este mundo? Simplemente, no somos llamados a vender a Cristo del modo en que lo haríamos con Coca-Cola o Chrysler. ¿No es cierto?

¿Y qué pasa con los defectos de la cultura corporativa? Los estudios indican que los trabajadores de las corporaciones estadounidenses tienen una calidad de vida más baja, mayores tasas de divorcio y una alta probabilidad de desarrollar una depresión clínica. Y el registro ético de la América corporativa seguramente no es algo que la iglesia quiera imitar. Nombres respetables como Enron, Anderson Consulting, AIG, Bear Stearns, Lehman Brothers, BP y News Corp se han visto manchados, y en algunos casos enterrados, por escándalos éticos causados por los valores fundamentales y los principios de liderazgo de sus directores.

Las deslucidas reputaciones de corporaciones, gobiernos y grandes organizaciones en general han hecho que mucha gente se cuestione la validez de los modelos de liderazgo seculares. Y en respuesta al pragmatismo de la generación del «baby-boom» dentro de la iglesia, la generación más joven de líderes cristianos que está emergiendo ahora se cuestiona seriamente la sabiduría de abrazar y emplear valores de liderazgo simplemente porque se han probado como efectivos en contextos seculares. Puede que estén de acuerdo en que «un principio de liderazgo es un principio de liderazgo» si el único criterio es la eficacia. Pero esto corre el peligro de deteriorarse en un utilitarismo nada cristiano donde el fin justifique los medios.

En vez de eso, cuando examinamos el ministerio de Jesús, los apóstoles o los patriarcas, descubrimos que a menudo la fidelidad triunfa sobre la simple eficacia. Y junto a lo contracultural, a menudo los valores del reino de Dios que van en contra del sentido común provocan que el líder tome decisiones incomprensibles para aquellas personas que no tienen la mente de Cristo. Y muchos de los jóvenes líderes con los que me relaciono se preguntan: ¿qué es el liderazgo exclusivamente *cristiano*? ¿Y en qué se diferencia del liderazgo en otras esferas? Y si nuestra lucha no es contra carne y sangre, sino «contra principados, contra potestades, contra los gobernadores de las tinieblas de este siglo, contra huestes espirituales de maldad en las regiones celestes» (Ef 6.12), ¿entonces cómo puede nuestro liderazgo no contener un componente exclusivamente espiritual?

Para responder a estas preguntas necesitamos a un maestro sabio: uno que comprenda la continuidad histórica del liderazgo cristiano desde Jesucristo en adelante, y que aun así reconozca la útil contribución que las generaciones más recientes han hecho con su inclinación hacia el pragmatismo. Tenemos a un maestro así en Mel Lawrenz.

Mel ha sido pastor principal de una gran iglesia y ha empleado las herramientas necesarias para liderar una organización con cientos de partes móviles. En este puesto se ha beneficiado de la sabiduría práctica de otros líderes, tanto de dentro como de fuera de la iglesia. Pero nunca ha perdido de vista la dimensión exclusivamente espiritual de nuestro llamado como siervos de Jesucristo. En este libro explica el modo en que el carácter, la oración, la comunión con Dios, el discernimiento, las Escrituras y el Espíritu Santo impactan en nuestra habilidad para influir en aquellos que lideramos. En otras palabras, Mel Lawrenz ve la realidad genuinamente espiritual del liderazgo cristiano sin abandonar su aplicación práctica.

La mía es una generación de cristianos ansiosos por llenar el vacío entre nuestra cultura cada vez más postcristiana y la realidad presente del reino de Dios. Y no lo estamos haciendo solamente a través de la iglesia institucional. Mujeres y hombres de fe me han animado a buscar el llamado de Cristo en los negocios, las artes, el gobierno, la educación, los medios de comunicación y el sector social. Pero necesitamos ayuda para comprender cómo conducir un cambio efectivo y transformador en estos llamados.

Por esa razón me siento increíblemente agradecido por *Influencia espiritual*. Este libro no solo es útil para cualquiera que desee entender qué tiene de característico el liderazgo cristiano, sino que, mediante la elaboración de una amplia gama de fuentes históricas, también proporciona al lector un sentido de contexto y continuidad dentro de la gran comunidad de la iglesia.

Y aquellos que de forma consciente pongan en práctica este libro se encontrarán sin duda animados. La perspectiva de Mel Lawrenz nos da la esperanza de que el péndulo del liderazgo, que ha oscilado desde la extrema espiritualización hasta su falta absoluta en las generaciones recientes, quizá acabe descansando finalmente donde siempre ha pertenecido: sobre Jesucristo.

—Skye Jethani, noviembre 2011

AGRADECIMIENTOS

En los últimos años en los que he estado trabajando en este libro, mucha gente ha entablado conversaciones conmigo acerca de la influencia espiritual. He aprendido mucho y me he sentido especialmente contento de escuchar a jóvenes líderes acerca de sus intereses y aspiraciones. Estoy agradecido por su honestidad y su deseo de ver que las auténticas formas de influencia y liderazgo son la norma en el futuro.

Mis compañeros de la editorial han sido increíblemente concienzudos y dedicados. Gracias a Angela Scheff, Ryan Pazdur, Andrew Rogers, Brian Phipps, Chip MacGregor y Joe Sherman. Agradezco mucho su trabajo y el haberme hecho a mí trabajar más duro.

También estoy agradecido por el apoyo de los líderes de la iglesia de Elmbrook, que me animaron a dedicarle tiempo y energía a escribir, viajar y hablar para compartir nuestras bendiciones.

Como siempre ocurre cuando escribo un libro, me he beneficiado enormemente de la sabiduría de mi esposa, Ingrid, según íbamos hablando de los temas del libro antes, durante y después del momento en que las palabras fueron confinadas al papel. Tienes un corazón más que generoso y bueno.

AL LECTOR

Si elegiste comprar este libro o si alguien lo ha puesto en tus manos, probablemente te encuentres en posición de ser una influencia en la vida de otras personas. Escucha: ¡te necesitan! Nuestro mundo está en problemas; nuestra cultura está en problemas; nosotros mismos lo estamos. Necesitamos ejércitos de personas que se pongan en pie ante el llamado de Dios y sean poderosas influencias en sus organizaciones, escuelas, negocios, iglesias y familias.

Tú sabes que hay mucha gente que hoy en día pide a gritos un liderazgo mejor. ¿Pero qué es mejor? Tiene que ser algo más que fuerte, porque solo los más desesperados creen que necesitan dictadores que arrasen con todo y asuman el mando. Un mejor liderazgo también tiene que ser algo más que nuevos métodos y técnicas. Las herramientas son necesarias, pero lo que realmente precisamos es sustancia. Y mejor sin duda significa algo más que simplemente exitoso, según los contables definen el éxito.

Necesitamos personas influyentes, ejércitos de ellas. Influencia no es una palabra débil para el liderazgo. Es el poder oculto que hay detrás de él. Utilizamos la palabra *influencia* desde hace mucho tiempo (se remonta a la década de 1930 al menos), pero creo que no hemos apreciado la profundidad de lo que significa. Pensamos que es obtener un resultado o hacer que la gente haga cosas. Es mucho más.

La palabra *influencia* (*influentia*) significa algo que fluye y provoca cambios, normalmente una fuerza que es imperceptible o está oculta. La gente influyente es aquella que lidera viviendo cerca de decenas de personas normales que buscan alguna fuente de sabiduría, discernimiento, poder, verdad y otras cualidades que den inicio a una labor transformadora en sus vidas. Solo piensa en el efecto que tendría que un cuantioso número de creyentes despertara su potencial de ejercitar su influencia espiritual en las escuelas donde enseñan, en las salas de juntas donde deliberan, en las clínicas donde cuidan de la salud de la gente, en las iglesias donde sirven, en las asambleas donde legislan, en los hogares donde crían a sus hijos. Hay un movimiento en marcha hoy, respaldado desde muchas y diferentes posturas.

La idea de la influencia nos saca de las restricciones que mucha gente asocia al liderazgo. Aquellos que enseñan, que crean o que hacen contactos son tan importantes como los que lideran organizaciones. En este libro utilizaremos las palabras *influencia* y *liderazgo* más o menos de forma intercambiable. Eso solo disgustará a quienes se consideran guardianes del territorio o a los que piensan en el liderazgo en términos muy estrechos.

Jesús tenía un mensaje que proclamó de todos los modos posibles: la verdad de que el poder soberano de Dios, su reino, había irrumpido en el mundo como un acto de gracia, y ahora tenemos el poder que puede sacarnos del caos. Jesús también dijo que el Espíritu vendría y haría cosas transformadoras de las que ningún humano sería capaz. Aunque invisible, el Espíritu de Dios es la fuerza más poderosa puesta en marcha en el mundo hoy en día. Y entonces está Dios el Padre, que es señor y maestro, pastor y ayuda.

Padre, Hijo y Espíritu Santo, en otras palabras, están decididos a sacar a la gente de la agitación, la anarquía y la confusión que es nuestro mundo. Y Dios está dispuesto a hacerlo usándonos como sus instrumentos. Ese es un pensamiento inspirador y estimulante.

Así que si te encuentras en posición de ser una influencia positiva, si ejercitas el liderazgo en cualquiera de sus modos, tu fe en Dios te otorga un poder (un poder oculto) que te permitirá marcar una diferencia perdurable en las vidas del resto de la gente y organizaciones. ¿Pero cómo funciona ese poder?

Este libro está dividido en cuatro partes, empezando por «Poniendo las bases», porque necesitamos un fundamento sólido; después viene

«Tomando la iniciativa», porque somos llamados a la acción; más tarde «Profundizando», porque la influencia espiritual debe ir hasta el núcleo de quienes somos; y finalmente «Enfrentando los desafíos», porque inevitablemente enfrentaremos críticas, heridas y fracasos por el camino. Probablemente encontrarás algunas de las secciones de este libro más útiles que otras, dependiendo de tus necesidades personales, pero creo que si lo lees todo y calibras todas las partes, saldrás beneficiado. La influencia espiritual cubre el vacío entre el pragmatismo y la espiritualidad.

Tal vez encuentres que este libro es una clase de punto de referencia para tu vida y tu trabajo. Las profundas corrientes de la influencia espiritual incluyen carácter e integridad, discernimiento y sabiduría, ideas y oportunidades, fracasos y perseverancia. Tu relación con Dios te pone en una posición desde donde puedes servirte del propio poder, autoridad y verdad de Dios para hacer todo eso tan desafiante que debes hacer. Son cuestiones fundamentales.

Este no es un libro acerca del liderazgo ejecutivo u organizativo en sí. Hay multitud de buenos libros sobre esos temas. Nosotros miraremos hacia asuntos más personales e íntimos. Nos guste o no, nuestra influencia fluye directamente desde la clase de personas que somos. Es inevitable.

Por otro lado, los grandes temas como la influencia cultural o la institucional, aun a pesar de su importancia, no entran dentro del ámbito de este libro. (Obras como *Crear cultura* de Andy Crouch y *To Change the World* [Cambiar el mundo] de James Davison Hunter abordarán estos temas.) Nuestro enfoque aquí está en la dinámica personal mediante la cual podemos ser una influencia espiritual positiva en las vidas de los demás, sea cual sea el contexto. No es difícil hablar de liderazgo como hacer que las cosas se hagan o que la gente se mueva. La cuestión de fondo es qué tiene que suceder para que nuestros esfuerzos tengan un efecto duradero en la vida de la gente.

He decidido no incluir anécdotas personales en este libro, principalmente porque hay muchas otras historias fascinantes. Pero te debo, lector, al menos una breve explicación de mi perspectiva en este proyecto. He tenido el privilegio de servir como pastor en la iglesia de

Elmbrook durante treinta años, los últimos diez como pastor principal y ahora como ministro en general. Durante este periodo aprendí acerca del liderazgo en buenos y malos tiempos, y en momentos trágicos. He aprendido cómo planear y reaccionar, crear y reparar. Aprendí cómo responder en situaciones críticas, casi siempre imprevistas. Mientras lidiaba con miles de personas, presupuestos multimillonarios y cientos de líderes, aprendí mucho más de las interacciones personales, cara a cara, en las que vi los milagrosos efectos de la influencia de Dios.

A menudo aprendí más de mis desilusiones, frustraciones y fracasos. Odio decepcionar a los demás; odio mucho más decepcionar a Dios. Pero parece ser que Dios permite que nos equivoquemos y tropecemos para que cuando ofrezcamos a la gente rehabilitación y redención sepamos un poco de lo que estamos hablando.

Lo más importante que he aprendido es acerca de la naturaleza humana y la de Dios. Esa es la cuestión acerca de la influencia espiritual y el liderazgo: estás tratando con la parte más íntima de la experiencia humana que se cruza con el trabajo del Espíritu de Dios. Esta es la esencia de seguir a Jesús y guiar a otros a seguirlo.

Por el camino he aprendido de líderes a los que he conocido en el campo médico y empresarial. También aprendí de abogados, educadores, líderes locales, oficiales electos y he visto cómo Dios usa de forma asombrosa a líderes de pequeños grupos, de ministerios de niños, misioneros y tantos otros. A lo largo de los años he conversado, trabajado o entrevistado a un amplio abanico de líderes influyentes que impactan al mundo o simplemente a sus propios vecindarios. Supongo que en mi mente tengo un catálogo de los grandes líderes con los que me he encontrado, pero tan importante como eso (quizá incluso más importante) es que me aferro a las imágenes de los grandes momentos de influencia y liderazgo, que pueden venir de casi cualquiera.

También tenemos la historia como nuestra guía. Mirar a los siglos de personas clave influyentes en el pensamiento, los movimientos, las revoluciones y las instituciones nos da una inspiradora visión de los vicios y virtudes del liderazgo. Tanto ensayo y error. Tantas equivocaciones; tantas victorias. Tantas evidencias de que estamos en nuestro sitio cuando somos instrumentos de la influencia de Dios. ¿Qué más importa?

He dado clases acerca de los temas de este libro en varias regiones del mundo (Latinoamérica, China, India, Europa, África, Norteamérica) porque quería probar estas ideas en un escenario intercultural. Creo que necesitamos buscar estos principios tan centrales en la naturaleza humana que trascienden países, culturas y edades. Ha sido positivo obtener la respuesta de líderes versados, y vigorizante escuchar de los influyentes más jóvenes cuáles son sus sueños. Tenemos días emocionantes por delante.

Ya seas influyente en el mercado, en una iglesia, en una escuela, un grupo pequeño o incluso dentro de tu familia, espero que seas alentado aquí para entregarte completamente, que no dejes que las decepciones y los fracasos te hagan descarrilar y que tengas la profunda seguridad de que Dios es nuestro líder y nosotros tenemos que ser sus agentes.

CÓMO USAR ESTE LIBRO

La influencia no es un solo acto. Nos necesitamos unos a otros para no sentirnos solos ni estar mal acompañados. Nos necesitamos para escuchar las historias de los demás y llevar unos las cargas de los otros.

Puedes leer este libro tú solo, pero te beneficiarás más si lo lees con otros para que puedan discutir las ideas y ponerlas juntos en práctica.

El libro está dividido en veinte temas que cubren cuatro asuntos principales, así que pueden, por ejemplo, trabajar en el libro en un periodo de cuatro semanas, leyendo cinco capítulos a la semana. En vez de hacer la lectura de una sentada, espacien los capítulos para tener tiempo para reflexionar. Si te lleva veinte minutos leer un capítulo, tómate cuarenta para reflexionar, orar, tomar notas, preparar un debate con tu grupo y/o añadir tus comentarios o preguntas a la comunidad en línea.

Busca más recursos para este libro en *www.theinfluenceproject. com.*

Parte 1

PONIENDO LAS BASES

COMPRENDER LA INFLUENCIA

La desgracia humana más odiosa es que un hombre sabio no tenga influencia.

—*Heródoto*

Cuando Albert Einstein tenía solo cinco años, su tío le mostró una brújula y eso cautivó la atención del niño. Fuera cual fuese la dirección en la que se movía la brújula, una fuerza invisible actuaba sobre la aguja, haciéndola girar sobre su eje, señalando en la misma dirección. Años más tarde a Einstein le gustaba contar la historia del momento en que por primera vez comprendió que «tenía que haber algo profundamente escondido detrás de las cosas». El gran físico fue en busca de esas fuerzas escondidas, probando cosas que desafiaban las explicaciones, como la unidad de lo físico y lo no físico, la materia y la energía. Ideas que comenzaron como simples líneas blancas trazadas en una pizarra maduraron hasta ser estudios científicos por los que ganaría el Premio Nobel. Principios que, una vez descubiertos, hicieron posible que se diseñara un arma terrible que devastaría una ciudad desmenuzando los átomos de un trozo de poco menos de un kilo de uranio enriquecido.

Él fue más brillante que cualquier otro científico del siglo veinte. Cuando murió, el patólogo que llevó a cabo su autopsia se llevó secretamente el cerebro de Einstein, lo estudió con cuidado y lo preservó en 240 piezas. Los estudios de su cerebro en los años siguientes revelaron algunas discrepancias, pero nada que explicara a un hombre que era tan diferente de los demás. Walter Isaacson, que escribió la biografía definitiva sobre Einstein, dice: «La pregunta pertinente era cómo funcionaba su mente, no su cerebro», y después cita al propio Einstein: «No tengo talentos especiales, solo soy profundamente curioso».

Einstein no era un intelectual cerrado desconectado de la realidad social del mundo. Era un ardiente defensor de las causas sociales. Lamentó el día en que firmó la carta a Franklin Delano Roosevelt advirtiéndole de que Adolf Hitler crearía una bomba atómica a menos que Estados Unidos se le adelantase. Sabía que la carta puso en marcha una reacción en cadena que finalmente permitió al monstruo nuclear salir de su caja.

La revista *Time* lleva mucho tiempo ofreciendo una lista de la gente más influyente del año. A finales del siglo veinte *Time* planteó la pregunta de quién había sido la persona más influyente no solo del año, sino de todo el siglo previo. Una vez hecha la votación, la elección cayó sobre el físico judío, nacido en Alemania, con aquel característico pelo desaliñado, un hombre fácilmente reconocible en cualquier lugar del mundo, Albert Einstein. No era el líder de una industria ni el creador de un movimiento. No fundó ninguna organización. Pero su visión de las cosas escondidas abrió el mundo a la parte elemental de la realidad. De él salieron las centrales nucleares, la medicina nuclear y las bombas nucleares. «Influyente» es quedarse corto.

La lista anual de *Time* de la gente más influyente incluye a activistas sociales, líderes de la industria, cabezas de estado, científicos, artistas y líderes religiosos. Son personas que hacen que las cosas pasen, pero siempre porque tienen algún impulso o ideal que sustenta lo que hacen. Ahí es donde reside el poder. La gente influyente es aquella que tiene la visión de algo bajo la superficie, algo escondido, que se convierte en la fuerza motriz del cambio en el mundo. La influencia es poder. Un poder asombroso. Con él algunos de esos influyentes destruyen, otros salvan.

Y la influencia florece del núcleo central de quién es el influyente. Aquellos cuyo fundamento es su fe en Dios tienen una oportunidad extraordinaria de hacer algo más que influir en la gente y las organizaciones acerca de sus opiniones personales, preferencias y objetivos. Pueden conectar la fe a su influencia, ya sea que trabajen en el ámbito de los negocios, la iglesia, la educación o cualquier otro menester. Ellos *quieren* conectar la fe y la influencia porque saben que ese es el camino para lograr un cambio duradero, y creen que Dios es el máximo influyente.

Este libro habla de la dinámica de la influencia espiritual expresada en el liderazgo, concebido en términos generales. Ahora bien, no hay nada nuevo en el hecho de enlazar la influencia con el liderazgo, lo que se remonta al menos hasta la década de 1930. Ha habido muchas definiciones del liderazgo en años recientes que incluyen la idea de la influencia. Pero estas discusiones apenas penetran en el profundo significado de la palabra. Cuando se utiliza en su sentido más simplista, *influencia* significa persuadir a la gente, o venderles algo, o hacerles marchar a cierto ritmo de tambor. Pero es mucho más que eso.

Un concepto mejor de liderazgo incluye lo que ocurre tanto en el interior como en el exterior. La influencia trata de las fuerzas ocultas que hacen visibles resultados que tienen un efecto duradero. Tiene que ver con la profunda realidad espiritual que conocen los creyentes, que entienden que el Creador del universo es el poder subyacente y la influencia detrás de todas las cosas buenas. Los líderes que quieran llevar a cabo un cambio perdurable se tomarán el tiempo de entender el poder y los matices de la influencia. No se contentarán solo con ver suceder las cosas; ellos quieren ver gente, organizaciones, movimientos e incluso la propia cultura conformados de modo que dure toda una vida. El liderazgo de hoy va más allá de la construcción de organizaciones. Incluye a personas influyentes en educación, cultura, artes, vida comunitaria y mucho más.

¿Por qué influencia espiritual?

Cuando los líderes trabajan bien, es algo maravilloso. Y cuando no lo hacen, sale gente dañada.

Se te ha concedido un gran privilegio si eres un líder: ya sea en una organización, una iglesia, una escuela, un negocio o incluso en la familia. La gente busca desesperada una guía. Necesitan caer bajo buenas influencias.

Hoy abundan los líderes, pero se necesita desesperadamente un liderazgo que tenga sustancia espiritual. La única influencia perdurable es Dios, así que debemos guiar a la gente al lugar donde él hace su trabajo transformador. Nosotros permanecemos en una clase de nexo... donde el poder de Dios se cruza con la necesidad humana. *Nexo* es una palabra maravillosa que significa el lugar donde las entidades se entrelazan (ver también *anexo*, o también uno de sus derivados en su origen, *conexión*). Suele significar la unión de partes desiguales. Los grandes líderes cristianos han estado viviendo bajo esta convicción: sabían que no eran ellos quienes influían realmente, sino que eran usados por Dios, quien traía la influencia transformadora y duradera sobre la vida de la gente. Dios es el líder, nosotros los sublíderes, y la línea que nos separa no es solamente un salto de rango. De un lado de esa línea está el Creador; en el otro, lo creado. Como seres humanos ocupamos un noble lugar en el rango de las cosas creadas, pero alcanzamos la cumbre cuando nos damos cuenta de que nosotros realmente tenemos una pequeña parte en la sanación del mundo que el Creador determinó que haría. Impresionante.

Dios es la verdadera influencia, y debemos retener eso en mente todo el tiempo, porque por más que hablemos de Dios, seguimos defraudándonos a nosotros mismos. Amamos el pragmatismo del mundo real... la grasa debajo de las uñas, las ampollas en las manos, el sudor en la frente. La Palabra de Dios nos señala la dirección de la influencia y el liderazgo espirituales, pero nosotros no podemos esperar para construir la siguiente máquina. Si fuéramos sabios nos daríamos cuenta de la necesidad y los límites del pragmatismo, porque sabemos qué es conducir la máquina, hemos estado en la cuneta, hemos arreglado el motor tantas veces hasta ahora... pero nos alienta cuando alguien nos recuerda el Gran Lugar más allá del horizonte, y que la meta es mayor que el camino.

El poder de la influencia

Influencia es una palabra importante, plena de un rico significado. El latín *influentia* significa algo que fluye y provoca cambios, normalmente una fuerza que es imperceptible o está escondida. (Date cuenta de que *fluir* tiene la misma raíz.) En todos nosotros funcionan fuerzas y poderes, y podemos ejercer fuerza sobre los demás que afecte sus pensamientos y acciones, o incluso el curso de los sucesos. Somos influenciados y somos influyentes. La fuerza o el poder de la influencia normalmente está en un segundo plano. La verdadera influencia no es dócil o sutil. Es el poder de cambio, porque va a lo profundo; no deja de fluir; ejerce fuerza.

En latín medieval *influentia* a veces se usaba de forma supersticiosa para describir el influjo de poder celestial que podía afectar al propio destino. Más tarde se usó en el sentido de «acción imperceptible o indirecta empleada para provocar cambios». En un sentido cristiano, *influentia* era ese poder oculto de Dios trabajando en el mundo: invisible, pero poderoso.

Hoy en día a veces usamos *influencia* para describir una perorata de ventas convincente o un discurso apasionado. Pero pregúntale a alguien: «¿Quién ha sido la persona más influyente en tu vida?», y descubrirás la profundidad y el drama de la influencia. La influencia no es retorcer los brazos de la gente para que hagan ciertas cosas. No es rogarles que las hagan. No enciendes o apagas la influencia como un interruptor de la luz. La influencia es una mentalidad. Es una presión acumulativa que hace que las cosas se muevan y las mantiene en movimiento.

Según desarrollamos el llamado de la influencia, apelamos a la parte más profunda de la vida de la gente, donde se forman las opiniones y los prejuicios. La influencia es una cuestión espiritual. Toma lugar en el mismo centro de la naturaleza humana. La influencia es la forma de liderazgo con las mejores opciones de tener efectos *duraderos*. Los logros están bien, pero sosteniéndose por la profunda influencia es cuando sus efectos llegan más lejos y duran más tiempo.

Ahora bien, hay quien discutirá que el modo de influir en la gente es hacer que ellos hagan cosas, y que con el paso del tiempo la mente y los corazones de las personas se van conformando a sus patrones de comportamiento. En otras palabras, que las acciones dirigen las creencias. Pero eso contradice uno de los principios fundamentales de las enseñanzas de Jesús, ese que dice que los cambios ocurren en el interior y después se expresan en el exterior (p.ej., Mt 15.1–20). Esta fue la revolución de Jesús en contra de las tradiciones religiosas profundamente arraigadas que contaban la conformidad externa como obediencia a la ley de Dios sin tener en cuenta el espíritu de la ley.

La influencia y el liderazgo espirituales tienen lugar en el nivel del espíritu humano, y son impulsados por el Espíritu de Dios, que trabaja para reformar el espíritu humano, llevando a la gente de vuelta a la forma en que Dios les diseñó en un principio. Esto ocurre bajo el influjo —la influencia— del Espíritu. Y ocurre por medio de miles de pasos ocultos e imperceptibles.

Hoy abundan personas influyentes e influencias, ya sea que se quieran llamar líderes o no. Algunas son saludables, mientras que otras son corruptas, codiciosas, malvadas, inmorales o amorales, turbias, sórdidas y nada escrupulosas. «Líder» no es una etiqueta cualitativa. Tanto Franklin Delano Roosevelt como Adolf Hitler fueron líderes brillantes. Influyeron con grandes ideas, palabras cautivadoras y una presencia convincente. Esto tendría que hacernos pensar, especialmente porque el apodo de «líder espiritual» no nos dice nada acerca de los objetivos y fines. Algunos líderes espirituales han guiado a la gente a las cimas, mientras que otros lo han hecho a tirarse por barrancos. Por cada Billy Graham ha habido un Jim Jones, el líder sectario que llevó a novecientos seguidores a un acto de suicidio masivo en la jungla de Guyana. Por esta y otras razones, no utilizaremos el termino «líder espiritual» en este libro. La influencia y el liderazgo espirituales no tratan de pertenecer a cierta clase, sino de ser parte de un movimiento dinámico.

El liderazgo es peligroso porque la influencia es potente. Cuando lideramos asumimos que tenemos la responsabilidad de dar forma a otra gente porque se nos ha otorgado esa responsabilidad. Pero a menudo las posiciones de liderazgo están basadas en la arrogancia. ¿Por qué los seres humanos ejercen influencia unos sobre otros? Gran parte del tiempo... porque pueden hacerlo. Y esa no es una razón apropiada.

Cualquier buen líder se parará de vez en cuando a preguntarse: ¿qué me da derecho a influir en otras personas? ¿De dónde saqué la idea de que soy tan inteligente? ¿Quién creo que soy? Y entonces los buenos líderes mirarán esa brújula, la que les señala en esa dirección en primer lugar. Un orden superior, un propósito, una cita, un llamado. Los líderes pobres no mirarán esa brújula. A ellos no les importa lo certero o lo equivocado, lo bueno o lo malo. Nunca han mirado ninguna brújula, porque lo que les mueve a seguir hacia delante solo es cuestión de su carácter, su impulso y la fuerza de voluntad. El liderazgo que está totalmente autodirigido siempre será patológico. La única cosa peor que adorar a los ídolos es comportarse como tal.

Un buen influyente mira la brújula del orden moral y comprende: no soy tan inteligente. No soy muy poderoso. Y sé que no soy lo suficientemente bueno por mí mismo como para definirle a otra persona qué es la buena vida. Pero parece que tengo una oportunidad y un llamado para sumergirme en una sabiduría más alta, para tratar de vivirlo y contagiar esos dones. Ahí es donde comienza el poder de la influencia espiritual.

La influencia espiritual importa porque toca la esencia de lo que significa ser humano y se centra en los asuntos que más importan en la vida.

La influencia espiritual tiene que ver con la gente

Las personas son complicadas, y por eso el llamado a influenciar a la gente para bien es complicado. Tenemos que decidir cuándo decirle a la gente qué debe hacer y cuándo enseñarles los principios para que ellos puedan averiguarlo. Tenemos que calcular el objetivo o el destino de lo que nos proponemos. En una organización tal vez el objetivo sea algo a corto término y perceptible. En el liderazgo espiritual, el objetivo es ayudar a que la gente sea restaurada a esa dignidad llamada imagen de Dios... algo mucho más difícil de cuantificar, pero también mucho más importante que cualquier otra cosa. El liderazgo espiritual es, por tanto, una extensión del discipulado. Influenciar a la gente hacia la restauración de la imagen de Dios conduce a grupos que tienen un carácter más espiritual y a organizaciones con algo parecido a almas, no solo objetivos.

La influencia espiritual tiene que ver con la vida

La influencia espiritual es un desafío porque trata de la vida misma. De toda la vida. La gente necesita ayuda con sus relaciones, sus familias, sus pecados, sus adicciones, su trabajo, su dinero, su salud, sus sueños, sus desilusiones y mucho más. Necesitan tener disciplina cuando las cosas van bien en la vida, y necesitan técnicas de supervivencia cuando se encuentran en medio de tormentas. Necesitan saber en quién pueden creer, qué pueden esperar en el futuro y si le preocupan a alguien: las tres grandes cuestiones de fe, esperanza y amor. Tenemos la extraordinaria oportunidad de ayudar a la gente a florecer, a vivir esa buena vida que Dios ha determinado como buena: *shalom*. La gente agradecida mirará atrás pasados los años y les dirá a aquellos que les guiaron a vivir bajo la influencia transformadora de Dios: «Gracias. Marcaron una enorme diferencia en mi vida. Lo que me dijeron fue un punto de inflexión en mi vida; lo que hicieron trajo el poder de Dios a mi vida».

Puesto que la influencia espiritual trata de la vida misma, tenemos que vivir en nosotros mismos cualquier mensaje de vida que llevemos a la gente. Nos guste o no somos modelos, incluso aunque la vida que llevemos esté lejos de la perfección. La gente observa cómo el líder maneja las críticas, cómo trabaja en medio de las crisis, cómo se las apaña con los defectos, cómo aprovecha una oportunidad o desciende para ayudar a alguien oculto.

Ya pasaron los días en que la gente buscaba líderes que parecieran perfectos. Son muchos más los que dan por hecho que una persona influyente «de las de verdad» ha tenido tanto fracasos como éxitos. La gente quiere ver perseverancia frente al dolor y la pérdida. Quieren saber cómo quitarse la venda, lidiar con el desánimo y conquistar sus demonios internos.

La influencia espiritual tiene que ver con las prioridades

En un mundo de infinitas posibilidades, necesitamos una visión espiritual para separar lo bueno de lo malo, o para escoger entre lo bueno, lo mejor y lo óptimo. Las decisiones acerca de los hábitos de consumo, la utilización de los medios, las asociaciones, las obligaciones, el entretenimiento y el estilo de vida son cuestiones espirituales. Dios tiene algo que decir acerca de todo ello, y debemos ayudar a guiar a la gente hacia las mejores decisiones espirituales que puedan tomar.

La influencia espiritual tiene que ver con los valores

Todo el mundo invierte su tiempo y energías en las cosas que más valora. La cuestión es: ¿qué son esos valores y cómo funcionan realmente de un modo práctico en la vida de la gente? Lo mismo se aplica a las organizaciones, que no son más que conjuntos de personas y reflejan sus mismos sistemas de valores.

La influencia y el liderazgo espirituales tratan de ayudar a la gente a dar forma a sus valores básicos de acuerdo a lo que Dios valora. Esto no es terriblemente complicado. Necesitamos valorar a la gente con la que vivimos y trabajamos. Valoramos a la gente debido a este principio histórico: los hombres y las mujeres han sido creados a imagen de Dios (Gn 1.27) y, por lo tanto, tienen una dignidad que debe ser respetada y reforzada. Creer en la restauración de la dignidad lo conforma todo en tu influencia y tu liderazgo. También debemos valorar el mundo creado, porque Dios fabricó el universo como un modo de desplegar su gloria y poder. La vitalidad espiritual es ver todo el trabajo de Dios, lo visible y lo invisible, como una manifestación de su naturaleza intrincada. Si nuestro liderazgo no está basado en valores y no imparte valores, los objetivos serán vacuos y los efectos tendrán poca vida. El liderazgo basado en valores, por otro lado, le contagia a la gente una perspectiva entera de la vida.

Pero, ¿cómo funciona realmente? ¿Cómo hace una persona influyente para reforzar los valores que pueden definir la forma de la vida interior de las personas? La respuesta simple es: palabras y hechos. Podemos, y debemos, hablar de valores. Pero eso debe conectarse con la acción.

La influencia espiritual tiene que ver con el tiempo

La gente necesita gestionar su tiempo. Cuando alguien nos pregunta qué tal nos va, nuestra respuesta estándar es: «He estado muy ocupado». Es una declaración inútil. No dice nada acerca de cómo nos va realmente, señala que quizá estemos teniendo problemas para disciplinar nuestras vidas y puede que incluso sea un distintivo de honor que hacemos lucir sutilmente porque se suelen tomar los negocios como una señal de somos esforzados y comprometidos. Los negocios y el estrés son dos áreas problemáticas que transformamos en méritos. Así que aquí tenemos la posibilidad de una doble bendición: cuando los líderes se toman un tiempo para organizar seriamente sus propias vidas, no solo se ayudan a sí mismos; también tienen algo que ofrecer a la gente que lideran. El caos nunca es una virtud.

La influencia espiritual tiene que ver con el carácter

El filósofo Platón cuenta una historia acerca de un pastor llamado Giges que un día encontró un anillo de oro mágico. Sentado con sus amigos, giró el anillo en su dedo y se volvió invisible. Al girarlo de nuevo, reapareció. Pronto se le ocurrió a Giges que podía utilizar ese poder para su ventaja: yendo a donde quisiera y haciendo lo que se le antojara sin que nadie lo supiera. Se trasladó a la corte real, sedujo a la reina, asesinó al rey y se hizo con el trono. La moraleja de la fábula es que nuestro verdadero carácter saldría a la luz si fuéramos capaces de actuar sin ser detectados. Descubrimos qué clase de personas somos fijándonos en cómo nos comportamos cuando nadie puede vernos.

La influencia espiritual tiene que ver con el carácter: la clase de persona que somos, la forma de nuestra vida interior y exterior. Nuestra palabra *carácter* viene de un término griego que se remonta a la palabra que se utilizaba para un sello que deja una impresión, como los moldes para acuñar monedas. Carácter es la forma misma de la vida interior de cada uno (pensamientos, motivos, valores, deseos) que se revela en la forma de la vida exterior (acciones, comportamientos, discurso, relaciones). Y la forma del carácter de uno puede estar impresa en el carácter de otro, para bien o para mal. La influencia es inevitable. Todo el mundo deja una marca. La pregunta es: ¿qué clase de marca será?

La influencia espiritual hoy

En este libro examinaremos algunas de las leyes universales de la influencia espiritual, mirando los principios y las prácticas, y viendo dónde el nexo entre lo divino y lo humano marca la diferencia decisiva. Observaremos los textos bíblicos clave, así como relatos de la historia y de la actualidad.

Para todo esto necesitamos trabajar unos con otros. Necesitamos trabajar duro para descubrir nuestras habilidades y papeles complementarios. Si desarrollas los principios de este libro con tus compañeros, saldrán beneficiados por la visión de los demás: una habilidad y un compromiso que los mejores líderes siempre cultivan.

Quizá seas un líder en formación. Si es así, entonces es hora de construir sobre los cimientos correctos. O quizá seas un líder veterano y, como muchos de nosotros, necesitas la renovación que proviene de realinearte junto al Buen Pastor.

Quizá tu trabajo esté en una iglesia y sientas la necesidad de fortalecer o restaurar la integridad de tu liderazgo espiritual. O tal vez trabajes en un negocio y te preguntes cómo puedes hacer de los principios y el poder espirituales la cualidad distintiva de tu esfuerzo. Si eres un educador, o el líder de una organización sin ánimo de lucro, querrás considerar de qué modo la influencia espiritual es tu oportunidad para infundir conocimiento o restaurar la dignidad de la gente a la que tratas de ayudar. Si eres un artista, esta es la oportunidad de conectar la expresión y la influencia. Si trabajas en el gobierno, quizá esta sea tu oportunidad de decidir lo que crees acerca del poder y el propósito social.

Dondequiera que puedas poner en práctica la influencia espiritual, vivirás con la sensación de lo asombroso que es que Dios te permita —incluso a ti— ser parte de esto.

Dios tiene grandes cosas preparadas para hacer en este mundo... y quiere usar a gente común como nosotros en ese trabajo de restauración. La pregunta es: ¿estamos dispuestos a seguirle, y solo entonces, a liderar?

Capítulo 2

APRENDER
A SEGUIR

No todos podemos ser amos, ni tampoco todos los amos
han de ser obedecidos.

—*William Shakespeare, Otelo*

Los mejores líderes son los mejores seguidores. Es así porque se han
sentido poderosamente influidos por Dios y por otras personas y se
sienten entusiasmados porque los demás se beneficien de lo que han
recibido.

Algunos de los líderes más peligrosos son aquellos que piensan
que saben más que cualquiera, los que solo están interesados en sus
propias invenciones y que saborean el aislamiento de estar por encima
de los demás. Piénsalo de este modo: ¿te sientes más seguro con gente
que está sola en la vanguardia, o con aquellos que son respetuosos
con los logros de los que estuvieron antes? Los mejores líderes a los
que has seguido no aprendieron a liderar liderando, sino siguiendo.
Estos seguidores-líderes no tienen la ilusión de que sus mejores ideas
son las que nadie más ha tenido. Ellos valoran la innovación, pero
eso no significa tirar por tierra las ideas anteriores. Innovación significa renovar las mejores ideas (*innovare*: «renovar, hacer nuevo»). Los

mejores líderes hacen que las cosas nuevas sucedan, sabiendo que normalmente eso significa renovar una idea clásica. Por el contrario, los líderes inseguros siempre quieren que los demás crean que ellos son los inventores de todo lo nuevo. Sin embargo, muchas de esas ideas «nuevas» han sido robadas a otra persona y se les ha dado una mano de pintura nueva. Si estamos construyendo sobre la gran idea de otra persona, ¿por qué no admitirlo?

Nuestro paradigma de servicio, influencia y liderazgo está enraizado en la declaración de Jesús: «Síganme». Ese llamado es como el estampido de un trueno en medio de un claro día azul. Los primeros discípulos, que se convirtieron en líderes valientes y extraordinarios, son las piedras fundacionales de todas y cada una de las sucesivas generaciones de discípulos y líderes. Fueron seguidores-líderes. Cuando aún eran inocentes e inmaduros, pensaban que tenían el control, pero cuando el Espíritu de Dios los llenó, se dieron cuenta de que cualquier influencia auténtica que quisieran tener sobre los demás debería ser la influencia del Espíritu. Esta es la diferencia entre el Simón Pedro de antes de la resurrección y el Pedro posterior. Antes estaba totalmente seguro de sí mismo en sus convicciones y compromisos... y se cayó de bruces. Después, él lideró con convicción y poder que sabía que provenían directamente de Dios y que le guiarían en cualquier parte.

Aquí es donde todo empieza: «Andando Jesús junto al mar de Galilea, vio a dos hermanos, Simón, llamado Pedro, y Andrés su hermano, que echaban la red en el mar; porque eran pescadores. Y les dijo: Venid en pos de mí, y os haré pescadores de hombres. Ellos entonces, dejando al instante las redes, le siguieron» (Mt 4.18–20).

Este «seguimiento» tomó forma de un auténtico paseo físico hacia Jesús, y después con él. Con los pies en el suelo, los oídos abiertos, los ojos centrados en Jesús. Pedro y Andrés, Santiago y Juan, no se apuntaron a un seminario. Ellos siguieron: literalmente. Entraron en una relación con Jesús en la que ellos se veían completamente expuestos tanto a sus palabras como a sus actos veinticuatro horas al día. Estos discípulos fueron formados no solo por lo que escucharon, sino también por lo que vieron... y por lo que tocaron, olieron e incluso degustaron, como cuando Jesús alimentó a la multitud con unos cuantos pescados y unas hogazas de pan. El sabor del pan en sus bocas les preparó para entender a Jesús como el pan de vida, enviado desde el cielo. Años después, cuando los discípulos se convirtieron en poderosos influyentes, cuando comenzaron un movimiento que cambiaría el mundo, fueron capaces de recordar una experiencia de total inmersión al seguir a Jesús. Incluso con él ausente físicamente, le seguían con más plenitud que cuando había estado presente con ellos, porque ahora sabían por el Espíritu de Dios lo que significaba seguirle.

Este seguimiento tomó forma de escucha. Pero no simplemente oír palabras, escribirlas en una libreta y dejar que las ideas penetren en el cerebro de forma superficial. El liderazgo no se puede clasificar en una carpeta de tres anillos, y no nos convertimos en líderes aprobando la Unidad 1, la Unidad 2 y la Unidad 3. La escucha de los seguidores de Jesús fue un proceso en el que se preguntaba y se respondía, se preguntaba de nuevo y se respondía otra vez, te rascabas la cabeza, fruncías el ceño, te alejabas, mirabas lo que él hacía, regresabas por más, lo consultabas con la almohada, hablabas con tus colegas, lo probabas con extraños, elevabas la pregunta de nuevo, saboreabas la verdad, ansiabas más, y te lo dejabas sabiendo que había un banquete al que regresar. Jesús no puso a sus discípulos en una línea de montaje: se los llevó de viaje. La escucha tiene que suceder durante toda la vida. Ninguno de nosotros necesita esperar para registrarse en el mejor seminario de formación del mundo que nos transformará en líderes eficaces. La formación está en marcha ahora mismo, todos los días, cuando escuchamos como alguien que se esfuerza por oír un trueno lejano.

Este seguimiento tomó la forma de un compromiso. Los discípulos aprendieron de Jesús comprometiéndose con la gente, sanándolos, confortándolos, a veces siendo perseguidos por ellos. A veces los discípulos llegaban a la ciudad como héroes que seguían al héroe (Mt 4.25; 15.30; 19.2; 21.9), y a veces como desterrados que se adentraban en la guarida del enemigo. Los discípulos también siguieron a Jesús cuando él se sacudió el polvo de sus pies y se desentendió de la gente que había desechado el mensaje (Lc 9.3–5). Ser una influencia espiritual incluye discernir dónde puedes ser eficaz y dónde tu esfuerzo será una pérdida de tiempo.

¿Me sigues?

Hoy la influencia espiritual significa invitar a la gente a seguirte escuchándote, observándote e imitándote. Esa no es una proposición sin riesgo. Lo fácil es influenciar solamente con palabras, quizá incluso deseando secretamente que nadie esté viendo quién eres realmente detrás de lo que hablas, porque sabemos que nuestra casa no está del todo en orden, lo cual es una tontería, puesto que ninguno de nosotros tiene sus vidas completamente en orden. A todos nos avergüenza algo de lo que somos. La humildad impone que nos estremezcamos al pensar en la gente examinando nuestras vidas e imitando la peor parte de nuestros temperamentos.

La gente de hoy en día quiere saber si los dichos de sus líderes se corresponden con sus hechos. ¿Hay congruencia? ¿O no es más que cháchara? El reclamo por la autenticidad consiste en gente diciendo: «No me des un titular; no me interesan los lemas. No necesito un espectáculo; necesito realidad. Enséñame el camino. Enséñame que merece la pena. Muéstrame que funciona. Muéstrame que suena a verdad. Cuéntame por qué debería permitirme ser influido por ti».

Todas las audiencias tienen un fondo de gente que espera congruencia y autenticidad en sus líderes. Pero también hay montones de gente inocente a las que se puede engatusar por eslóganes pegadizos o la promesa de la satisfacción garantizada. Hay maestros televisivos, evangelistas itinerantes y genios del marketing capacitados para atraer a numerosos seguidores. En esta relación enferma y simbiótica, el «líder» ofrece felicidad o salud, un gran número de gente lo «sigue», y ese seguimiento alimenta el ego del «líder». Algunos autentificarán su propio mensaje e influencia en base a la multitud que les sigue, pero la única razón por la que tienen seguidores es porque han ofrecido vagas promesas de satisfacción y prosperidad. O consiguen ese seguimiento simplemente por su carisma personal, ese destello de luz que atrae las miradas.

Algunos reivindican una autoridad basada en resultados numéricos. El «más» autentifica. Mucha gente toma únicamente los números como la validación de un liderazgo. Pero la historia nos muestra que no todo el mundo que atrae a una multitud lidera a esa multitud hacia la vida. O puede que vaya en la dirección opuesta: algunos reclaman autoridad por la exclusividad de sus seguidores o la pequeñez del grupo. La autodefinición del culto se centra tanto en las masas que no pertenecen al grupo como en las que sí lo hacen.

Pero cuando los líderes lo hacen bien, cuando empiezan el día con un deseo excepcional —seguir a Jesús allá donde él quiera guiarnos—, es algo maravilloso de contemplar. Jesús aún despliega a sus discípulos en pueblos y ciudades para confrontar al pecado y defender a los desfavorecidos. Puede que nos esperen tiempos difíciles por delante —porque es así como se realiza el progreso espiritual—, pero el poder de Dios prevalecerá, no el nuestro. Al final del día, no importa si nuestros nombres y reputaciones han crecido, sino que alguien, en algún lugar, haya obtenido una visión más clara de Jesús.

El gran regalo que el líder puede transmitir es el modelo de la vida del seguidor. Hacer que la gente dependa de nosotros hoy solo les preparará para que más tarde se sientan defraudados. Al final la gente se deshace de sus líderes, porque ningún guía humano es tan constante como Dios. Enseñar a la gente a seguir a Jesús les coloca en ese lugar del universo en donde nunca serán abandonados.

Cautivos

Uno de los líderes más atrevidos, testarudos e incluso obstinados de la historia, Martín Lutero, en realidad estaba radicalmente comprometido a seguir. Fíjate bien y encontrarás una falange de autoridades previas a las que seguía. Lutero, un joven monje con una conciencia terriblemente atribulada, se sometió a las órdenes de su mentor superior, Karl Von Staupitz, y fue a la universidad para recibir una educación bíblica intensiva durante años. En esa experiencia Lutero hizo un nuevo descubrimiento personal del evangelio de la gracia y entendió que tendría que someter para siempre todas sus ideas a esa y a otras verdades bíblicas centrales. En la asamblea general de señores europeos de 1521, presidida por el emperador del Sacro Imperio Romano, Lutero dijo: «Mi conciencia ha sido cautivada por la Palabra de Dios». Aunque sus oponentes le veían como un empecinado, arrogante e intratable, Lutero se veía a sí mismo radicalmente sumiso. Aquellos que lo conocían personalmente le sabían modesto, cercano, incluso franco. Se casó con una mujer sencilla y presidió una familia de seis hijos, seis sobrinos y sobrinas que vivían con ellos y muchos estudiantes entusiastas.

Lutero encontró en los escritos de Agustín el mismo evangelio de gracia que había descubierto en Pablo, así que dejó que Agustín fuera su maestro. No tenía una ambición personal que le condujera a romper con la Iglesia Católica. Él trató de suprimir el impulso radical de algunos de sus seguidores que estaban destrozando el arte de sus iglesias y desmantelando todas las instituciones de la iglesia de la Baja Edad Media. Él quería seguir su tradición tanto como la Escritura le permitiera: no quería inventar nada. La idea de «reinventar la iglesia» (una frase que a veces oímos hoy en día) no hubiera tenido sentido para Lutero. Invención (por Jesús), sí. Reforma, sí. Reinvención, no.

Lutero fue un líder que impactó en la historia... solo porque siguió a gente y principios más grandes que él mismo. Más importante aún, su absoluta convicción acerca de la soberanía de Dios significaba que veía su propio liderazgo procedente directamente y de forma práctica de Dios. Lutero vivió en el nexo entre lo divino y lo humano, por carácter, teología y política. De no haberlo hecho, seguramente hubiera seguido siendo un asceta escondido, tembloroso y guiado por la culpa... y no se le conocería ni se le nombraría.

La subordinación hoy

Recientemente se ha empezado a utilizar una nueva palabra en coloquios acerca de la gestión y el liderazgo: *subordinación [followership]*. Aunque *followership* no aparece en el diccionario inglés, y su pareja en castellano siempre se ha utilizado en otro contexto, sale en escritos y seminarios todo el tiempo. A menudo la *subordinación* se utiliza para distinguir a líderes y seguidores en una organización. La lógica implica algo así: los líderes necesitan comprender el papel de los seguidores. Conoce la dinámica de por qué y cómo sigue la gente y serás un líder mejor.

Es justo. Pero si la discusión se para ahí, corremos el riesgo de dividir a la gente en dos campos: líderes y seguidores. En vez de eso, debemos tratar de recordar que todo el mundo —incluidos los líderes— son seguidores, y que algunas personas que no tienen el título de liderazgo a veces son el eje de influencia.

Algo poderoso ocurre cuando los líderes no se ven a sí mismos distintos de los seguidores, sino que se ven como líderes-seguidores. Piensa esto: de por sí nadie quiere realmente seguirte a ti. Realmente no quieren. Quieren saber que, siguiéndote a ti, en realidad están siguiendo un principio mayor, una verdad trascendental. En la subordinación espiritual, la gente quiere saber si están siendo liderados e influidos por Dios. Quieren y necesitan significado, redención y propósito. Esas son cosas que ningún líder humano puede dar. Lo que puede hacer el líder es vivirlas y después contagiarlas. ¿Y cómo es eso en términos prácticos?

- Unos colaboradores que ayudan a pagar la construcción de un proyecto porque saben que eso fomentará el trabajo del reino.
- Un gerente de nivel medio que sabe que los principios espirituales del propietario de la compañía, que es cristiano, no son solo palabras sino auténticas convicciones y estilo de vida.
- Un profesor de secundaria que inspira respeto mutuo entre los estudiantes mostrando respeto hacia ellos constantemente.
- Gente escuchando un sermón sabiendo que los pies del predicador están plantados firmemente en una verdad bíblica, no solo en una opinión personal.
- Un adolescente siguiendo el consejo de un padre que está buscando no solo la conformidad del comportamiento, sino inculcar una auténtica actitud de seguimiento a Dios en su hijo.
- La congregación de una iglesia comprometida con la comunidad que la rodea, no solo con un simple evento, sino por medio de unos vínculos en desarrollo.

¿Ves por qué necesitamos ejércitos de influyentes hoy en día? Si le preguntas a la gente quién ha sido la persona más influyente en sus vidas, por lo general no te hablarán de los escritores que han leído, las figuras históricas que han estudiado o los pastores que han tenido en su proceso de maduración. Casi siempre hablarán de gente real a quienes conocían personalmente y que invirtieron directamente en sus vidas. La proximidad es la clave. Todos ejercemos la mayor influencia sobre la gente y las organizaciones más cercanas a nosotros. Esas relaciones son nuestros círculos de influencia. Ese es el poder de la proximidad. Y es un recordatorio más de que la influencia es intensamente personal.

Finalmente, el mejor modo en que los influyentes pueden enseñar a la gente a ser seguidores toda su vida (y después, quizá, líderes por derecho propio) es modelar una subordinación dinámica. Cuando un líder ejemplifica la colaboración en un proyecto, con energía, entrega y alegría, los demás que miran verán el poder de la gente asociándose para una causa común. Cuando los líderes hablan de los nuevos puntos de vista que están obteniendo de sus lecturas, inspiran a otros a ser aprendices de por vida. Cuando un líder comparte lo que él o ella ha aprendido de sus mentores, eso anima a otros a buscar sus propios mentores.

Al final, no tenemos nada que ofrecer a la gente a menos que nosotros mismos sigamos a Cristo. Jesús dejó sentadas las bases: «Si alguno quiere venir en pos de mí, niéguese a sí mismo, y tome su cruz, y sígame» (Mt 16.24). Este es nuestro llamado. «Pues para esto fuisteis llamados; porque también Cristo padeció por nosotros, dejándonos ejemplo, para que sigáis sus pisadas» (1 P 2.21).

Capítulo 3

COMPROMETERSE CON DIOS

El que cree en mí, como dice la Escritura, de su interior correrán ríos de agua viva.

—*Jesús*

Varios países del sureste asiático celebran el nuevo año regional con un festival acuático. La tradición es que se rocíen unos a otros con agua como símbolo de respeto y bendición, pero muchos empapan con alegría y euforia a todo el que ven con agua. Camina o conduce por la calle durante esos días y serás asaltado con mangueras de jardín, cañones y pistolas de agua o incluso cuencos y tazas llenos de agua. Es estridente. Es divertido. Es intenso. Todo el mundo sabe que se trata de sacar lo viejo y dejar entrar lo nuevo.

El agua era un elemento clave en la ancestral celebración judía llamada la Fiesta de los Tabernáculos. En los primeros siete días del festival, mientras soplaban las trompetas, un sacerdote tomaba agua del estanque de Siloam y la llevaba por las calles en una vasija dorada, para dejarla finalmente en el altar del templo. Un dicho rabínico describe el acontecimiento: «El que nunca ha visto la alegría de la extracción del agua nunca ha visto alegría en su vida».

Jesús estaba en Jerusalén durante la Fiesta de los Tabernáculos cuando, en el día álgido del festival, se puso de pie y gritó, como si fuera otro tipo de trompeta: «Si alguno tiene sed, venga a mí y beba. El que cree en mí, como dice la Escritura, de su interior correrán ríos de agua viva» (Jn 7.37–38). El evangelio de Juan después ofrece esta explicación: «Esto dijo del Espíritu que habían de recibir los que creyesen en él» (Jn 7.39).

Recuerda, influencia significa algo escondido que fluye hacia fuera con la intención de afectar a los demás. Jesús habló acerca de la realidad de una persona que toma para sí la vida de Dios y entonces «de su interior corren ríos de agua viva». Es una maravillosa descripción de la influencia espiritual —no la clase de cosa que escucharías en un seminario de formación para liderazgo mientras estás sentado en una incómoda silla en una de esas largas mesas de un hotel en alguna parte—, sino quizá el principio más importante al que tendrás acceso jamás para profundizar en tu habilidad para servir y liderar a los demás. Tú buscas el «flujo entrante» de la verdad y la vida de Dios, y eso fluye hacia fuera, hacia el beneficio eterno de otros. Impresionante. ¿Qué pasaría con la calidad de nuestro liderazgo si nos comprometemos al completo en esta dinámica? ¿Qué pasaría si realmente creyésemos que «serás como huerto de riego, y como manantial de aguas, cuyas aguas nunca faltan» (Is 58.11)?

Juan lo aclara: Jesús está hablando de una realidad espiritual que ocurriría con la llegada del Espíritu Santo: el tiempo en el que Dios comenzaría a trabajar estratégicamente en el mundo y a utilizar a los creyentes como sus herramientas.

La influencia espiritual está fundada sobre una conexión real con Dios. En ese nexo vemos a la gente de forma diferente, comprendiendo su potencial y sus problemas de otra forma, y concibiendo nuestro papel de líderes de otra manera. Si realmente queremos ayudar a la gente y tener un efecto duradero en sus vidas, nos comprometeremos con Dios.

Usa la palabra *espiritual* y la gente escuchará cosas diferentes. No debería resultarnos una sorpresa, puesto que la palabra nos señala a lo que hay más allá de nosotros, más allá de las medidas y el análisis, más allá de una definición en un diccionario. La palabra *espiritual* nos recuerda que somos más que cuerpos, que nuestro trabajo es algo más que arrojar ladrillos y mortero o seguir el rastro de las hojas de cálculo, y que Dios —que es Espíritu— es el impulso de todo el auténtico trabajo espiritual.

Hechos a la imagen de Dios, que es Espíritu, los seres humanos son espirituales por naturaleza. La influencia espiritual significa hacer tomar conciencia a la gente de las criaturas que realmente son. Es como despertar a grandes ejércitos de personas que duermen para que hagan el gran trabajo que deben hacer.

Debemos tener cuidado con la palabra *espiritual*, porque a veces ha sido usada por quienes esperaban crear una clase de élite de gente que tuviera una relación exclusiva con Dios. Algunos de los antiguos gnósticos enseñaban que todo el mundo estaba predeterminado para encajar en una de estas tres categorías: espirituales, psíquicos o carnales. Algunas personas serían por naturaleza espirituales, otras tendrían el potencial de elevarse hasta ese nivel (psíquicas), y para otras no habría ninguna esperanza en absoluto (carnales). Como en un sistema de castas, esta interpretación promovía un elitismo que contradecía todo lo que la Escritura dice acerca del potencial de cada persona. De un modo mucho más sutil, mucha gente hoy en día sigue distinguiendo a algunos que son muy «espirituales» de la gente normal. Pero así no es como son las cosas realmente.

Todo el mundo esta hecho a imagen de Dios, con el potencial y el deseo de estar espiritualmente vivos. Todo el propósito de la influencia espiritual es ayudar a la gente a conectar su anhelo espiritual con Dios, para después ser guiados hacia una vida con propósito. No hay ser humano que no sea espiritual.

Así pues, ¿cuál es la idea bíblica de «espíritu» o «espiritual»? Las palabras hebreas y griegas en el Antiguo y el Nuevo Testamento son bastante directas. Tanto *ruah* (en hebreo) como *pneuma* (en griego) significan «viento» o «aliento». Estas palabras son intencionalmente sensoriales. El viento es salvaje y poderoso. El aliento es la clara evidencia de vida. Viento y aliento: ambos invisibles, ambos influyentes.

«Entonces Jehová Dios formó al hombre del polvo de la tierra, y sopló en su nariz aliento de vida, y fue el hombre un ser viviente»

(Gn 2.7). Estas primeras palabras acerca del primer Adán tienen un paralelo con las últimas palabras formadas con el último aliento de Jesús, el último Adán: «Padre, en tus manos encomiendo mi espíritu. Y habiendo dicho esto, expiró» (Lc 23.46).

Espiritual, en otras palabras, no se refiere a un subconjunto especial de la actividad humana. Algunos creen que somos espirituales cuando vamos a la iglesia, pero que en cuanto salimos por la puerta regresamos de golpe a una existencia burda y aburrida. Pero los líderes no son espirituales solamente cuando pronuncian la palabra Jesús. El relato de la creación de Génesis 1 nos cuenta que Dios creó a todos los seres humanos para ser profunda e irrevocablemente espirituales. Pero a causa de que la gente eligiera negar su espiritualidad y desconectarse de Dios, necesitan un despertar espiritual.

Combinar la palabra influencia con espiritual nos conduce a esta importante convicción: los líderes pueden satisfacer un propósito intensamente superior y mejor si conectan su influencia con el trabajo del Espíritu de Dios y con las cualidades espirituales de la gente con la que trabajan. Ese es el poder oculto de la influencia espiritual. Significa ser quienes realmente somos y recurrir a Dios tal cual él es.

Lo horizontal y lo vertical

Cuando leemos la Biblia vemos Espíritu con una E mayúscula y espíritu con una e minúscula. Dios el Espíritu. Los seres humanos como espíritu.

Nosotros no tenemos espíritus en el sentido en que tenemos vesícula biliar y pulmones. Nosotros somos espíritu. En el núcleo de quiénes somos está este yo inmaterial, creado a imagen de Dios y capaz de cosas asombrosas como el intelecto, las emociones, la voluntad, la creatividad, la moralidad y el altruismo, pero también vulnerable a la devastadora corrupción que incita al espíritu hacia la avaricia, la violencia, la malicia, la autoadulación y muchas otras corrupciones. El espíritu es lo que hace a los seres humanos unívocamente humanos. Así pues, si como seres humanos somos criaturas espirituales, entonces el liderazgo es una responsabilidad con un inmenso potencial para el bien... o para el mal. El liderazgo implica a seres espirituales influyendo sobre otros seres espirituales. Y por eso todo el liderazgo es una cuestión espiritual si implica mover y motivar a seres humanos. Si afectamos las decisiones de los demás, damos forma a sus valores, les dirigimos hacia una misión, desarrollamos sus mentes y creamos un entorno en el que trabajen con otros, entonces estamos lidiando con realidades espirituales, no importa el escenario. La genuina influencia espiritual es necesaria en las iglesias, escuelas, oficinas, agencias y familias. Esta es la dimensión horizontal de la influencia.

Pero hay mucho más en juego. La otra clase de Espíritu es Dios. Como Jesús lo expuso: «Dios es Espíritu; y los que le adoran, en espíritu y en verdad es necesario que adoren» (Jn 4.24). A lo largo de los siglos de discusión cristiana acerca de Dios, a veces *Espíritu* ha puesto de relieve lo que Dios no es. Dios no tiene forma, ni materia, ni una dimensión física o limitación. Tiene cierto sentido (es la llamada *via negativa* en la tradición ortodoxa oriental), pero dice demasiado poco acerca de Dios. *Espíritu* simplemente describe quién es Dios en realidad. Aliento y viento son unas descripciones enormemente útiles de los seres humanos como criaturas espirituales y de Dios como el Espíritu superior. El aliento es un marcador de la vida. Sin aliento no hay vida. El viento es invisible, impredecible, y puede ser tanto suave como arrollador.

Así que hay dos dimensiones que hacen que la influencia sea espiritual: primero, los seres humanos (que son espirituales por naturaleza) influenciando a otros seres humanos (que también son espirituales); y segundo, los seres humanos actuando en nombre y con el permiso del Dios eterno que es Espíritu. Estas son las dimensiones horizontal y vertical de la influencia espiritual. Y allá donde convergen es el nexo humano/divino.

En la vida real

Pero imaginémonos esto en términos de la vida real. La dimensión horizontal de la influencia espiritual es cuando

- el encargado de una oficina dignifica tanto el trabajo y la colaboración de sus empleados que el estado de ánimo de la oficina añade algo a la vida de los trabajadores. Se marchan al final del día cansados por el trabajo pero no rendidos como personas. El encargado lidera añadiendo identidad a la gente en vez de quitándosela.

- un maestro inicia un nuevo trimestre comenzando por conocer a los estudiantes como personas, tomándose el tiempo necesario para este proceso y no cayendo en estereotipos. El maestro está motivado por una visión de moldear vidas, no solo soltar información, aprobar las cuotas y llegar a las próximas vacaciones de verano.

- un líder comunitario se propone reducir los delitos de oportunidad en una barriada urbana limpiando el entorno, quitando los grafitis y apuntando a los vecinos a un programa de patrulla vecinal. El alma del vecindario gana dignidad.

- el líder de jóvenes en una iglesia acompaña a un estudiante cuya madre está batallando contra el cáncer. Los dos años de larga lucha terminan en dolor y fealdad. Y el líder de jóvenes sabe lo suficiente para ver que el día después del funeral es el verdadero comienzo de su ministerio personal.

Estos son ejemplos de las oportunidades que tenemos cada día de hacer algo que respete la dignidad otorgada por Dios a las personas hechas a su imagen. La dignidad lo es todo. Todos los líderes quieren construir; los buenos líderes saben que no hay nada más importante que edificar a la gente.

En términos de la vida real, la dimensión vertical de la influencia espiritual es cuando

- un pastor se pone en pie para predicar un domingo aun cuando ha sido desgastado por las circunstancias de la vida y se siente cansado e indeciso, pero pone su fe en Dios y en la verdad de su Palabra y experimenta la energía del Espíritu en la predicación.

- una consejera cristiana escucha la horrible historia de una adolescente que ha sufrido abusos de parte de un familiar; al principio se queda sin palabras, pero después encuentra guía y consuelo que vienen de una fuente sobrenatural. Sabe que el Espíritu de Dios le ha dado justo las palabras adecuadas en el momento apropiado.

• un hombre admite a un amigo que ha tenido varias aventuras amorosas, y el amigo, que es creyente, encuentra palabras que nunca antes ha tenido para describir al mismo tiempo la gracia y el juicio de Dios. Sabe que Dios le ha otorgado una palabra de sabiduría. Trazan un rumbo hacia delante y líneas de corresponsabilidad.

• el líder de un ministerio pasa un día en oración y un nuevo paradigma para su ministerio de repente aparece en su cabeza. En las semanas siguientes, en conversaciones cautelosas, se prueba esa nueva dirección con otros y la idea toma vida propia. Pero todo empezó en un momento de verdadera inspiración, que no hubiera ocurrido si el líder no hubiera dejado espacio para la oración.

El compromiso con Dios comienza por inclinarnos

La influencia espiritual comienza con adoración y oración. No solo una hora a la semana donde uno realiza ciertos movimientos con un grupo de personas, sino adoración y oración como una actitud en la vida y una mentalidad. Un ritmo vital de adoración y oración refuerza la sumisión de uno mismo, poniéndonos en una postura en la que Dios puede usarnos. Las dos palabras que definen la adoración en el Nuevo Testamento son *inclinarse* (literalmente, doblar las rodillas) y *servir*.

En tiempos antiguos, los sujetos se inclinaban delante de los reyes y otros soberanos como un modo de reconocer una relación de sumisión. Los creyentes toman esa postura —felizmente— delante de Dios, el rey caritativo. Inclinarse ante la grandeza y la bondad de Dios es lo más sabio que puede hacer cualquiera.

La oración y la adoración refuerzan continuamente nuestra posición esencial en el cosmos. Aquí estamos: hijos e hijas de Adán y Eva, e hijos e hijas de Dios. Superiores a las bestias, inferiores a Dios.

Cuando cantamos alabanzas, adoramos; pero si elegimos no adorar a nuestro creador, nos arrancamos a nosotros mismos de la vida de Dios. Cuando vivimos un patrón de oración, vivimos en el nexo, practicando la realidad bíblica de que podemos vivir con Dios, para Dios, por Dios y bajo Dios. Cuando nos abrimos a la verdad de la Palabra de Dios, nuestras mentes se ensanchan mientras ganamos una perspectiva más amplia de casi cualquier asunto de la vida. Es como subir una montaña y observar el paisaje, comprendiendo finalmente la totalidad y viendo cómo encaja en el conjunto cada característica. Cuando nos sometemos a Dios olvidamos nuestras preocupaciones mezquinas, nuestros prejuicios y nuestras preferencias.

Una actitud dispuesta a inclinarse ayuda a afianzarnos como líderes, equipándonos para manejar *algunas* cosas porque sabemos que Dios es el señor de *todas* las cosas. La oración y la adoración establecen la postura completa de la influencia espiritual.

Comprometerse con Dios significa servir

La segunda palabra para adoración en el Nuevo Testamento, *latreuo*, significa «servir». Recientemente se ha renovado el interés en lo que ha venido a llamarse el «liderazgo servidor» (explicado con detalle por Robert Greenleaf en su influyente libro *El servidor como líder*). A través de los siglos muchos líderes —políticos, militares, empresariales o mediáticos— han ejercido influencia sobre los demás con la intención de conseguir algo. Desde el simple provecho hasta el robo y la dominación, la gente se siente impulsada a tratar de controlar a los demás. El liderazgo servidor cambia totalmente esa perspectiva. La servidumbre es la respuesta a un sentido real de llamado a dar más que recibir. Como líderes cristianos necesitamos recordatorios constantes de esto, porque la motivación para «recibir» siempre va a la par de la motivación para «dar». Ninguno nos vemos completamente libre alguna vez de ese pequeño duende hambriento dentro de nosotros que siempre está preguntando: «¿Y qué hay para mí?».

El problema es que ser un líder a menudo beneficia al propio líder, incluso aunque esté actuando en nombre de Dios. Tenemos que ser implacablemente honestos con esto. El atractivo del liderazgo puede incluir beneficios financieros, éxito, tratamiento preferente, estatus. Hasta un bocado de halagos sabe a un trozo de rico chocolate. Necesitamos comprobar nuestras motivaciones constantemente, porque las tentaciones que experimenta todo el mundo se multiplican para aquellos con influencia.

Para hacerlo aun peor, el estatus del liderazgo puede parecer que ofrece una clase especial de rectitud. El orgullo espiritual es en verdad la tentación más destructiva de todas, porque contradice el mensaje de la gracia y la misión de la influencia espiritual. Puede que obtengamos legítimamente un sentido de satisfacción y realización mientras servimos, influenciamos y lideramos, pero no debemos cruzar la línea que nos lleva a sentir que estamos especialmente favorecidos por Dios por nuestros logros.

El orgullo espiritual y la pretensión de superioridad no se alzan en nosotros como monstruos ruidosos. Más bien susurran en nuestra oreja que estamos brillando, que estamos haciéndonos notar, que somos mejores que otros. Y después, atrapados en ese sentimiento, tenemos que seguir alimentándolo, diciéndonos a nosotros mismos todo el tiempo que nuestros motivos son puros. Como adictos que están siempre tratando de mantener el entusiasmo, los líderes se obsesionan con el estatus. Cuando se cruza esa línea, dejamos de ser servidores. Hemos aniquilado la posibilidad de una auténtica influencia espiritual. Para corromper el liderazgo espiritual los poderes de las tinieblas no necesitan una táctica más complicada que pequeñas dosis adictivas de adrenalina y orgullo espiritual.

Tal vez es por esto que las Escrituras no tienen una palabra genérica para liderazgo. El concepto sí que es bíblico, pero todas las formas de liderazgo en el Nuevo Testamento tienen aplicaciones específicas. Hay poco interés en una forma genérica de liderazgo.

¿Quién es el mayor?

Jesús les hizo callar. Habían estado caminando hacia el poblado de Capernaum, y los discípulos habían ido hablando por el camino en parejas o en grupos. Una de las conversaciones se calentó y se convirtió en una discusión. Probablemente los discípulos trataron de mantener el tono bajo, pero eso no pudo evitar que Jesús oyera por casualidad el intercambio. Después de llegar a su destino, Jesús preguntó acerca de lo que habían estado discutiendo en el camino. Silencio. Ni una palabra. El evangelio de Marcos nos dice: «ellos callaron; porque en el camino habían disputado entre sí quién había de ser el mayor» (9.34).

Lo que Jesús dijo a continuación deberíamos grabarlo en nuestras mentes. Él reunió a los doce, hizo que se sentaran y empezó con: «Si alguno quiere ser el primero, será el postrero de todos, y el servidor de todos» (Mr 9.35).

Si los líderes a lo largo de los tiempos hubieran obedecido a este mandato de Jesús, el mundo sería un lugar diferente. Si miles de influyentes hoy actuaran con el espíritu de un verdadero siervo y realmente se pusieran en posición de ser los postreros de todos, entonces el mundo no vería debilidad, sino el poder, la autoridad y la verdad de Dios a través de las palabras y el trabajo de esos líderes. Cuando nos abrimos paso a codazos hasta el frente, no manifestamos la gloria de Dios. La emborronamos.

Dios promocionará a aquellos a quienes él quiera promocionar. La gente es inteligente. Pueden distinguir a aquellos que se abren paso hasta ser el centro de atención de aquellos que se encuentran —sorprendidos, confusos, e incluso avergonzados— dentro del foco de luz que Dios está haciendo brillar. Los focos sirven para hacer destacar a los actores en un escenario. Pero Dios usa la luz para hacerlo todo y a todos visibles, y los buenos líderes dirigen a la gente no hacia sí mismos, sino al vivo mundo de la creación de Dios.

Jesús proclamaba un mensaje sencillo, un principio que arregla con facilidad todos nuestros torpes intentos de influencia y liderazgo. El reino de Dios ha venido. En Cristo, Dios ha mostrado su poder oculto y su autoridad. Dios ha cambiado las reglas del juego del mundo. Ha cambiado los estándares para los líderes. Ahora las acciones que parecen pequeñas son el auténtico comienzo de los grandes logros: igual que un árbol brota de una pequeñísima semilla. Ahora sabemos que la influencia funciona como la levadura en un poco de masa. De nuevo, está oculto. Pero se extiende. Se infiltra. Se alza. Jesús tomó a un pequeño grupo de hombres de inteligencia y estatus dentro de la media para hacer de ellos unos seguidores-líderes que cambiarían el mundo. Un mensaje que parece una tontería, es el colmo de la sabiduría.

Todas las formas auténticas del liderazgo cristiano están conectadas con el mensaje de Jesús sobre el reino de Dios.

Devoto

Un joven permanece de pie frente a un cuadro de Domenico Feti titulado *Ecce Homo* («He aquí el hombre») en un museo de Dusseldorf. En él, Jesús mira hacia abajo, con la cabeza ladeada y la corona de espinas presionándole la cabeza. En la inscripción se lee: «Esto es lo que he hecho por ti. ¿Ahora qué harás tú por mí?». El joven está atrapado por el misterio de la verdad, sintiendo que Jesús le está hablando directamente.

Había nacido en una de las familias más nobles y poderosas de Europa y creció en un espléndido castillo en Dresde, Alemania. Pero durante toda su vida él utilizó su riqueza y privilegios al servicio de Cristo. El conde Nicholas Ludwig von Zinzendorf mostró signos de una extraordinaria relación con Cristo desde sus primeros años. A la edad de seis hablaba con Cristo como un amigo durante horas cada día. «Miles de veces —dijo— le he escuchado hablar en mi corazón, y le he visto con los ojos de la fe». Su sentido de identidad provenía de Cristo, no de su linaje. Él decía: «De todas las cualidades de Cristo, la más grande es la nobleza; y de todas las ideas nobles del mundo, la más noble de todas es la idea de que el Creador muriera por Sus hijos».

De joven se debatió entre sus opciones vocacionales: estudiar para el ministerio o tomar su lugar como conde. En la adolescencia formó una sociedad secreta con otros jóvenes de la nobleza. El propósito de la Orden del Grano de Mostaza era que esos jóvenes de clase privilegiada utilizaran su poder e influencia para los propósitos de Dios.

En 1722 los moravos le pidieron permiso para vivir en sus tierras, lo que fue el principio de un asentamiento llamado Herrnhut, «el cuidado del Señor». Zinzendorf compartía afinidad con los moravos en su profunda y genuina devoción a Dios y en la convicción de la misión que Cristo le había dado a sus seguidores. Esta nueva comunidad radical se convirtió en la base de los primerísimos misioneros protestantes, al principio enviados a poblaciones esclavas en las Indias Occidentales, para finalmente influenciar África, América y Rusia, entre otras regiones. La obra de Zinzerdorf se prolongó durante toda su vida, incluyendo una visita a Estados Unidos para hacer trabajo misionero entre los nativos americanos.

La característica sobresaliente de la vida de Zinzerdorf fue su profunda devoción a Cristo. Era un hombre comprometido con Dios. Enfatizaba la vitalidad espiritual de la vida interior, pero no la limitaba a sí mismo.

Y de ahí salió una enorme influencia. Su espíritu se volcó en empresas misioneras y fue influyente en otros grandes movimientos, como el avivamiento metodista a cargo de John y Charles Wesley. La fe de Zinzerdorf tenía un poderoso enfoque misionero que brotaba de un profundo compromiso con Dios. Aquí hay un principio que todos podemos aprovechar: antes de ayudar a los demás tenemos que enriquecer nuestra relación personal con Dios. Ahí es donde reside el poder. Ahí es donde siempre estará.

El compromiso de hoy con Dios

Los ejemplos de una extraordinaria devoción plantean algunos problemas para la influencia espiritual de hoy en día. ¿Son los Zinzerdorf del mundo la norma en el liderazgo cristiano o son ejemplos especiales de la unción de Dios a gente específica para propósitos específicos en momentos específicos? Esa pregunta se puede responder por la enseñanza bíblica sobre ser lleno del Espíritu Santo. Por un lado, parece ser que el Espíritu Santo realiza trabajos únicos en momentos clave de la historia: normalmente imprevistos para los creyentes y siempre excediendo las expectativas de la iglesia. Por otro lado, todo el que tiene algo que ver con el liderazgo espiritual debe suponer que ese compromiso con Dios es la norma y la base de su liderazgo. Nadie debería sentarse a esperar al siguiente Zinzendorf, o Bonhoeffer, o Graham. La influencia espiritual es para el día de hoy: y Dios usa a millones de influyentes sin nombre cada día en los actos de servicio más simples y desinteresados. Son los profesores cuyos nombres nunca saldrán en el periódico, los pastores que nunca escribirán un libro, los gerentes a los que nunca harán un perfil en una revista, los artistas cuyo trabajo está enterrado bajo capas de colaboración, los escritores cuya esfera de influencia es la escasa docena de personas que leen sus blogs. Pero ellos son el ejército que hace que las cosas ocurran. Para ellos la devoción es su propia recompensa. Para ellos la influencia es un acto continuo de dar, algo tan simple como eso.

Hoy un número cada vez mayor de gente quiere que sus líderes estén comprometidos de forma auténtica con Dios. Se sienten menos impresionados por la ostentación, y son categóricamente escépticos con las figuras públicas cuyas vidas parecen demasiado buenas para ser verdad. Más y más gente quiere a líderes comprometidos con Dios porque eso es lo que ellos mismos desean.

Así pues, nuestras órdenes parecen directas: utiliza todos los medios posibles para conectarte en Dios, porque la única influencia duradera que podemos ofrecer a los demás es la influencia que Dios tiene en nuestras vidas.

Capítulo 4

CONSTRUIR INTEGRIDAD

Si tienes integridad, no importa nada más. Si no tienes integridad, no importa nada más.

—*Alan K. Simpson*

La divisa más alta con la que comercian los líderes es la confianza. Si hay confianza entre los líderes y aquellos a quienes lideran, se puede alcanzar cualquier meta razonable. Sin confianza, incluso el objetivo más simple es una montaña demasiado alta para escalarla.

Necesitamos conocer ampliamente el lugar de donde procede, porque la confianza no sucede simplemente pidiéndola. Puede que la aceptación sea gratis, pero la confianza hay que ganársela. Y esa ganancia comienza cuando hay integridad en la vida del líder.

Cuando pensamos en integridad, se nos vienen a la cabeza atributos como honestidad, humildad y motivaciones correctas. Esto, sin embargo, es casi un reto, particularmente partiendo de la realidad de que todos somos criaturas rotas, defectuosas, dañadas y pecadoras. La gente que pone en práctica una buena influencia espiritual comienza desde el supuesto de que no tienen derecho inherente a pedir o esperar confianza de nadie. No asumen que la gente los respeta; buscan ganarse el respeto de los demás.

En cierta ocasión Jesús les contó a sus discípulos la historia de dos hombres orando en el templo. Uno era un fariseo que hacía ayuno dos veces a la semana, daba el diezmo de su dinero y agradecía a Dios que era mejor que otros hombres. El segundo era un hombre muy mundano que se golpeaba el pecho diciendo: «Dios, sé propicio a mí, pecador». El segundo hombre se fue a casa en paz con Dios, dijo Jesús. El principio en vigor: «Porque cualquiera que se enaltece, será humillado; y el que se humilla, será enaltecido» (Lc 14.11).

Sin embargo, cuando la gente nos evalúa somos dados a pavonearnos, jactarnos y fanfarronear. No empezamos por donde lo hizo Isaías: «¡Ay de mí! que soy muerto... siendo hombre inmundo de labios» (Is 6.5). O donde lo hizo Simón Pedro: «Apártate de mí, Señor, porque soy hombre pecador» (Lc 5.8). De entre todos los profetas y apóstoles, tanto el más grande de los profetas mayores (Isaías) como el más eminentemente representativo de los seguidores de Jesús (Simón Pedro) comenzaron en el mismo lugar.

Así pues, la integridad comienza con la convicción de que no la tenemos. Los que aspiran a ser líderes no deben abrigar la más mínima tentación a adoptar una postura de intachables, completos, infalibles. Los líderes no tienen credibilidad a causa de su santidad personal, sino porque Dios ha consagrado al líder para sus santos propósitos.

Una vez que hemos admitido nuestra falta de integridad, Dios empieza a construir algo nuevo y sólido: una nueva vida reconstruida con las piedras rotas de una vida anterior. Simón Pedro el pescador sabía lo que era ver surgir un edificio del quebrantamiento del fracaso personal. Jesús lo llamo *Petros*, Roca, pero solo después de que Pedro comprendiese que Dios restaura las piedras rotas y las hace partes integrantes (es decir, que tienen integridad) de su gran proyecto de construcción. «Acercándoos a él, piedra viva, desechada ciertamente por los hombres, mas para Dios escogida y preciosa... *vosotros también, como piedras vivas, sed edificados como casa espiritual y sacerdocio santo,* para ofrecer sacrificios espirituales aceptables a Dios por medio de Jesucristo... Mas vosotros sois linaje escogido, real sacerdocio, nación santa, pueblo adquirido por Dios, para que anunciéis las virtudes de aquel que os llamó de las tinieblas a su luz admirable» (1 P 2.4–5, 9, énfasis añadido).

¿Qué es integridad?

Integritas (latín) significa «entero o intacto». Un entero es un número completo, como 3, 7 o 10. Sin fracciones, sin divisiones, sin ambigüedad. La integridad es la cualidad de ser o convertirse en completo, firme, consistente, relacionado. Los ingenieros y arquitectos utilizan «integridad» para describir los edificios, puentes y torres bien diseñados que no se derrumbarán porque las vigas de acero, las capas de hormigón, los tornillos y las tuercas, el cristal y la silicona trabajan juntos para crear estabilidad y firmeza. Pero en ingeniería la integridad también incluye flexibilidad. Un rascacielos construido toscamente con materiales rígidos es seguro que se resquebraje al primer temblor del suelo. Si alguna vez has estado en lo alto de un gran rascacielos y has sentido que se movía un poco con las ráfagas de viento... es probable que así fuera. Integridad, en otras palabras, no es solamente cuestión de construir algo corpulento y rígido, sino construir algo que pueda flexionarse y doblarse.

¿No es cierto que los líderes más fuertes (y los más eficaces) también eligen ser flexibles cuando eso es lo que dicta el discernimiento? Los líderes sabios hacen planes, pero conservan la flexibilidad. El libro de Santiago nos advierte contra ser estrictos en nuestros «esquemas» de planificación (Stg 4.13–16). Los líderes sabios reúnen a las personas en grupos y organizaciones, pero recuerda que las personas no son como los engranajes de una máquina y necesitan ser lideradas como los agentes libres que son.

El Nuevo Testamento usa la analogía de un edificio, una «casa espiritual» que se construye con «piedras vivas», en las palabras de 1 Pedro. La influencia espiritual no comienza con la construcción de organizaciones o instituciones, sino construyendo a gente y comunidades. Y si esas comunidades se dirigen por necesidad y lógica a ser organizaciones e instituciones, que así sea. Pero incluso entonces la integridad del trabajo se determina por la construcción que sucede en el nivel humano básico. Las grandes universidades, iglesias y organizaciones benéficas obtienen su grandeza de la integridad de construir vidas de una en una y de poner a «piedras vivas» en contacto unas con otras hasta que la «casa espiritual» está construida.

Así pues, si un líder está convencido: «Necesito tener integridad; quiero construir integridad en mi vida», ¿cómo sucede? Tendemos a pensar que la integridad significa evitar lo grande y feo: ni robos, ni escándalos sexuales, ni consumo de cocaína. Pero buscar características descalificatorias solo es el camino más tosco para pensar en la integridad. La integridad es tanto una cualidad de la vida como un proceso de vivir. Es el compromiso con un proceso que dura toda la vida de construir y reconstruir el carácter, todo ello con el trasfondo de la humildad, en donde el líder reconoce hasta qué punto él o ella está a la altura. La integridad es un proceso que nunca termina.

La búsqueda de la integridad incluye una coherencia creciente entre la vida pública y la privada. Una persona influyente que es una cosa en público y otra completamente diferente en privado está llevando una vida desarticulada. Si el personaje público contradice a la personalidad privada, entonces existe el peligro, en el peor de los casos, de que la corrupción privada se vea enmascarada por la imagen de la vida pública. Casi resulta demasiado doloroso contar cuántas veces, a lo largo de los años, los líderes se han montado en una ola de ascenso e influencia públicos escondiendo mientras tanto una completa falta de carácter. A veces la farsa queda expuesta, pero muchas veces no.

La coherencia de lo público y lo privado no significa que el líder no pueda tener vida privada o que la honestidad y la transparencia requieran que cada detalle de su vida privada tenga que ser anunciado en público. Todos necesitan vida privada, y los mínimos detalles de sus luchas personales tienen que ser compartidos con un círculo adecuado de confidentes. Para todas las complejidades del equilibrio entre privacidad y apertura, el principio básico es el mismo: aquellos en situación de ejercer influencia espiritual no pueden ser una persona en público y otra completamente diferente en privado.

Integridad también significa coherencia dentro de la propia personalidad. Hay falta de integridad cuando una persona separa la creencia del comportamiento o el intelecto de la voluntad. Es la clase de persona dividida que puede predicar acerca de la inmoralidad sexual mientras tiene una aventura detrás de otra. Las crisis de integridad se adueñan de los titulares, pero en esto encontramos una idea aterradora: un líder puede estar dividido en modos mucho más sutiles y menos escandalosos, pero seguir teniendo la misma falta profunda de integridad. La codicia es difícil de cuantificar, pero ha comprometido gravemente la integridad de muchos líderes. La codicia se puede disfrazar con las piadosas prendas de la «visión» y la «pasión». Pero cuando la codicia es la energía motriz del liderazgo, los motivos más puros se ahogan. Jesús nos advirtió que no podemos servir a Dios y a las riquezas al mismo tiempo, porque él sabía que sacrificaríamos nuestra integridad en el proceso. En estos asuntos, las lealtades divididas equivalen a ninguna lealtad. Los líderes que separan lo que son en el fondo de su personalidad están viviendo en una continua crisis de integridad, y solo es cuestión de tiempo que todo se caiga en pedazos.

Pablo perfila una definición de integridad en su lista de cualidades para los ancianos. En sentido estricto, la lista es para los encargados de la iglesia, pero sirve como un dibujo de la integridad espiritual para todos los líderes. «Pero es necesario que el obispo sea irreprensible, marido de una sola mujer, sobrio, prudente, decoroso, hospedador, apto para enseñar; no dado al vino, no pendenciero, no codicioso de ganancias deshonestas, sino amable, apacible, no avaro; que gobierne bien su casa... no un neófito... También es necesario que tenga buen testimonio de los de afuera, para que no caiga en descrédito y en lazo del diablo» (1 Ti 3.2-7).

En esta lista se repiten unos cuantos temas principales: la importancia del autocontrol, relaciones saludables y una buena reputación.

Nadie posee estas cualidades de forma absoluta, y no hay un «mínimo» bíblico definido. Más bien, estas características dibujan una impresión general de integridad.

Integridad no significa falta de pecado. David estaba lejos de ser un hombre perfecto, y fue llamado por Dios para hacer una sola cosa: ser pastor de su pueblo. Lo que hizo con sus aptitudes fue coherente con lo que él era en su corazón. «Y [David] los apacentó conforme a la integridad de su corazón, los pastoreó con la pericia de sus manos» (Sal 78.72). Hay dos caras en el liderazgo espiritual: la integridad y la habilidad. Puede que la habilidad nos dé el éxito, pero la integridad hace posible la influencia duradera.

Avanzar mientras te aferras a la integridad

Juan de Antioquía fue un predicador en la cosmopolita capital de Siria a finales del siglo IV. Se convirtió en el líder cristiano más poderoso de su tiempo cuando fue nombrado líder de la iglesia de Constantinopla (la moderna Estambul) por el emperador romano Arcadio y su esposa, Eudoxia. Como arzobispo, era el líder más influyente de la ciudad más influyente (que se disputaba ese puesto con Alejandría y Roma). Pero al final Juan de Antioquía fue apartado de su función, exiliado de la ciudad y marchó hacia su muerte... todo porque no quiso comprometer su integridad.

Fue reclutado para la archidiócesis de Constantinopla —casi secuestrado, en realidad— cuando los guardias imperiales se presentaron un día en Antioquía anunciando que el emperador le había convocado para el trono de Constantinopla. Juan ya era ampliamente conocido como el mejor predicador de su tiempo. La gente se agolpaba para escuchar sus sermones y los interrumpían muy a menudo con aplausos. (En un sermón Juan regañó a sus oyentes por sus molestos aplausos, pero lo hizo con tanta elocuencia que provocó todavía más aplausos.) Su método era inusual para su tiempo: una explicación versículo a versículo del mensaje original del texto bíblico, aplicado a la ética y la moral de la vida diaria. La gente se aglomeraba en la iglesia con la intención de escucharle.

Como arzobispo de Constantinopla, uno de los centros del cristianismo más importantes de aquel entonces, Juan predicó en la gran iglesia del lugar. Pero no jugó según las reglas del poder y el prestigio. Había llevado una vida ascética desde bien joven, y llevaba dentro de sí convicciones esenciales acerca de la simplicidad, la modestia y la fe pura. Al llegar a Constantinopla vendió la elegante vajilla de sus predecesores y dio lo obtenido a los pobres. Llevó ropa sencilla. Veía a gente en su residencia cuando había una buena razón para ello, pero nunca por teatralidad social. No jugó con la política tratando de caer en gracia al emperador o a la emperatriz. Y cuando creyó que había razones para enfrentarse a los comportamientos y las políticas de la gente poderosa —incluyendo al emperador y a la emperatriz—, no dudó.

La gente no supo hasta que ya fue demasiado tarde que la guardia imperial arrestó a Juan y se lo llevaron por la puerta trasera de la catedral hasta un bote que lo condujo al exilio. Cuando se descubrió, estalló una revuelta en la ciudad y alguien incendió la catedral. Algunas semanas más tarde a Juan se le devolvió su puesto, pero su sentido de la integridad le obligó a reanudar su enseñanza profética allí donde la había dejado. Presintiendo su inminente final, predicó (refiriéndose a la emperatriz Eudoxia): «De nuevo danza Salomé, de nuevo pide la cabeza de Juan sobre una bandeja». El siguiente exilio le condujo al monte, donde finalmente fue sorprendido por las bajas temperaturas y la fiebre y murió.

¿Cuántos de nosotros, si fuéramos colocados en la más alta posición de influencia y poder espiritual, y se nos diera completo acceso a los líderes políticos más poderosos de nuestro tiempo, podríamos y querríamos resistir la tentación del privilegio y la presunción? ¿Tendríamos el valor de decir la verdad en la cara de la injusticia? ¿Renunciaríamos a los beneficios del superestrellato?

Juan se llevó consigo a la cátedra de Constantinopla aquello que había aprendido en el desierto de Antioquía. Una era más tarde se le llamó Juan Crisóstomo («boca dorada») a causa de su elocuencia. Durante sus días, él se consideró a sí mismo un simple sirviente.

Los desafíos de hoy

El tema central de la integridad sigue siendo el mismo a lo largo de los siglos y de las culturas. La coherencia de la persona, la consistencia entre el yo público y el privado, la necesidad de un carácter firme... todo ello es el núcleo de la influencia espiritual.

Pero hoy en día enfrentamos desafíos especiales para la integridad. Primero, hoy tenemos disponibles más máscaras para engañar al público. Facebook y Twitter hacen posible que una persona de influencia parezca más abierta y transparente, pero en realidad se esconde detrás una imagen fácil de construir y manipular con una cámara y un teclado de ordenador. Podemos convertirnos en el Mago de Oz, escondernos detrás de una cortina y manipular una máquina que produce temor, pero no son más que un montón de accesorios.

Así pues, ahí está el quebrantamiento más generalizado de nuestras estructuras sociales. A menudo los líderes necesitan seguir adelante a pesar de los profundos problemas de sus familias. La confusión moral, la adicción y el alejamiento dentro de la familia suelen ser el telón de fondo de la vida personal del líder. Algunos conjeturan que necesitan salirse del liderazgo para cuidar de sus necesidades personales, pero muchas veces lo correcto es seguir trabajando, sabiendo que no hay garantías de paz y satisfacción en esta vida. Muchos líderes enfrentan una poderosa oposición espiritual. En los negocios, los rivales del líder son otros negocios. En el liderazgo espiritual, el rival es a veces algo inmenso, poderoso y malicioso: el mal en sí mismo. El comercio tiene que ver con la competencia; el liderazgo espiritual es un estado de guerra.

Todos estamos afectados por el quebrantamiento de nuestro mundo. La incidencia de la depresión y el pesimismo es alarmante. A veces, la razón es que un líder que viene de un hogar roto y de una serie de relaciones complicadas está trabajando con un déficit desapercibido en su propia vida. Y, en otros casos, los líderes repiten patrones poco saludables que ven en las estructuras de gobierno del país en el que viven. A menudo nuestros líderes cristianos no se comportan mejor que un político corrupto; simplemente repiten los mismos patrones.

Y luego está esta patología: la competición. La gente de influencia siempre se ha comparado con los demás: solo échale un vistazo a las tensiones entre los líderes de las iglesias del Nuevo Testamento. Estar por delante de los demás nos hace sentir poderosos y con estatus. Pero hoy en día esta necesidad de competir ha sido magnificada varias veces. Con nuestras comunicaciones mejoradas podemos rastrearlo prácticamente todo, y demasiados líderes han elegido definir el éxito espiritual en el lenguaje de las estadísticas, un principio que difícilmente concilia con la teología de Jesús sobre el reino de Dios, que desafía toda medida.

A menudo lo que realmente alimenta la competición extrema entre los líderes es una cuestión psicológica. En un mundo roto, en una sociedad quebrantada y dentro de una psique corrompida, tenemos la desesperada necesidad de justificar nuestra existencia. El poder y la posición son tentaciones capitales para los líderes... pero hoy también tenemos la simple necesidad psicológica de sentirnos validados. Puede que prediquemos el evangelio del favor inmerecido, y al siguiente suspiro expresemos todo lo que tiene que ver con nuestro liderazgo en términos de mérito. ¿Por qué hacen eso los líderes? ¿Hasta qué grado la patología de la competición surge del orgullo personal o su antítesis, la inseguridad personal? ¿Por qué no vemos la infección cuando los líderes actúan o bien heridos o bien con el ego inflado? ¿Por qué no vemos que cuando somos conducidos por un espíritu de competición, arruinamos todo el trabajo que estamos intentando conseguir? ¿Por qué no nos avergonzamos delante de Dios?

En un tono más positivo, el público puede ayudar a filtrar a los líderes que no tienen integridad y dar el estrado y el micrófono a la gente que no los codicia. Hoy los más jóvenes no se impresionan con el estilo y la retórica. Buscan lo auténtico. Esperan personas influyentes espiritualmente que sean congruentes en su vida pública y en la privada. De hecho, sería bueno que la gente se levantase y demandase integridad a sus líderes. Ese es el poder de la gente normal: pueden reforzar el principio de la integridad siguiendo a líderes que la valoren; y puede elegir rechazar a los líderes que alardeen de poder y se mofen de la integridad.

«Integridad y rectitud me guarden, porque en ti he esperado» (Sal 25.21).

En esta sección introductoria del libro hemos visto cómo «poner las bases». En el primer capítulo hemos mirado el significado de la influencia. Cualquiera de nosotros que esté en posición de ser una influencia en las vidas de los demás necesita tomar en cuenta el llamado al liderazgo. El mundo está en graves problemas. Necesitamos un liderazgo que profundice en los temas principales de la gente y sus organizaciones. La influencia espiritual es el poder oculto detrás del liderazgo: el influjo constante de grandes ideas, sólida sabiduría y verdad fidedigna. La influencia no es simple persuasión o un arte de vender, sino una dinámica espiritual que le da forma a nuestro pensamiento y a nuestro ser. Nuestra influencia en las vidas de los demás siempre debe estar basada en Dios.

En el segundo capítulo vimos cómo aprender a seguir. Los mejores líderes son los mejores seguidores. Recorren la tierra buscando ideas buenas, sabias y fiables. Siguen el modelo de los seguidores de Jesús, quienes, después de convertirse en líderes, se comprometieron a seguir a Jesús aun más radicalmente que antes.

En tercer lugar, examinamos el compromiso con Dios. El liderazgo espiritual está fundado en una actitud de oración y adoración: sumisión *a* Dios y servicio voluntario *para* Dios.

Finalmente, en el cuarto capítulo consideramos la necesidad de integridad. Los líderes necesitan buscar rectitud en sus vidas: congruencia, conectividad, consistencia. Es fácil de decir pero difícil de conseguir a causa del quebrantamiento de la vida. La integridad comienza por admitir que no la tenemos en absoluto. Solo Dios es capaz de tomar nuestras confusas, conflictivas y rotas vidas y ensamblarlas. Pero él es capaz, haciendo posible para nosotros modelar un anhelo de integridad que supera el deseo de influencia. Y entonces la verdadera influencia puede comenzar.

La preparación para la influencia espiritual no comienza con adquirir habilidades. Por ejemplo, no sabemos casi nada de los muchos años que el apóstol Pablo vivió en Arabia antes de empezar su ministerio público que cambiaría el mundo. Fueron años de silencio. Pero es seguro suponer que lo más importante que ocurrió durante esos años fue que Pablo «puso las bases».

Y después estuvo preparado para tomar la iniciativa.

TOMANDO LA INICIATIVA

Capítulo 5

EXPLORAR NUEVOS HORIZONTES

La exploración es realmente la esencia del espíritu humano.

—*Frank Borman*

La fuerza más expansiva y enérgica del mundo hoy en día es el Espíritu de Dios. Más que un mensaje, más que un credo y más que un plan, el Espíritu de Dios es como un poderoso viento implacable que marcha por los océanos, impulsándonos hacia países previamente desconocidos. Y por eso los líderes no pueden permanecer en un sitio. No pueden llegar a cierto estatus y después encerrarse en lo que en ese momento parece algo bueno. La influencia espiritual significa continuo movimiento, una continua exploración de nuevos horizontes.

Este principio es tanto global como personal. Jesús les mandó a todos sus seguidores y a aquellos que eran seguidores-líderes que salieran de Jerusalén (el territorio del hogar), hacia Judea (el área regional) y Samaria (cruzando hasta suelo extranjero), y hasta lo último de la tierra (el universo de la propia humanidad). Y por eso el liderazgo cristiano en su forma más sana y valiente es, en un primer nivel, una misión expansiva atravesando horizontes trazados en un mapa-mundi, pero, en otro nivel, considerando a cada persona de una en una. Estamos llamados a tratar con los desechos de la humanidad sufriente, la vorágine de los dilemas intelectuales y el espacio exterior de la perdición. Nada de esto es fácil.

Esta misión es intensamente personal. La trayectoria hacia las partes más excelsas de la tierra comienza con el siguiente simple paso que debemos tomar, encontrándonos con gente con la que nunca nos hemos reunido, yendo a lugares donde nunca hemos estado, creando un ministerio en el que no nos hemos involucrado antes. Pero la verdadera exploración, la que se hace posible por medio de una fe sólida y la valentía, es cómo encontramos la punta de lanza del reino de Dios.

La gente seguirá a los exploradores

Todo el mundo quiere descubrir algo nuevo y fresco. El descubrimiento es fascinante y estimulante. El descubrimiento nos recuerda que nuestras vidas no se han acabado aún, que hay más por vivir de lo que hemos visto hasta ahora, y que cualquiera de nosotros puede tener un potencial aún desconocido.

El liderazgo descubridor le dice a la gente que tú, el influyente, te guías por la convicción de que hay algo nuevo a la vuelta de la esquina y que los demás pueden unirse a la búsqueda. Todavía no sabes del todo qué es, pero sabes que la dirección es correcta, la luz inunda el horizonte allí delante, y nadie ha llegado aún al destino final.

El liderazgo descubridor puede ser

- una organización misionera que se aventura en un nuevo país después de meditar a fondo el salto.
- un pequeño grupo comprometido a auspiciar a una familia de refugiados.
- un líder empresarial que se asocia con una causa social de su localidad y redefine el crecimiento tanto en términos espirituales como económicos.

- un pequeño empresario con experiencia en formación profesional que se une a la iglesia del centro de la ciudad con la intención de abordar el desempleo en esa área.
- una iglesia que decide dividirse en tres nuevas iglesias en vez de construir unas instalaciones más grandes.

Algunos líderes creen que siempre deben planear una visión concreta del futuro y definirla en detalle; pero la influencia espiritual a menudo es más eficaz cuando se atrae a la gente hacia una visión no del todo formada para que puedan ser parte del descubrimiento. La gente no quiere ser guiada como un rebaño. Quieren ser compañeros exploradores.

Así pues, por ejemplo, alguien tiene una carga por las profundas necesidades de una población refugiada de su ciudad. Empieza a hablar con los demás acerca de esa necesidad, y poco a poco esa carga se convierte en una visión en su mente. No una visión con detalles y métodos, sino una imagen mental de la gracia de Dios fluyendo hacia el grupo de refugiados a través de muchas posibles iniciativas de misericordia. Comparte esa visión con una amplia variedad de personas, preguntándoles: «¿Qué creen?». Ocurren dos cosas: otros comienzan a ver la misma necesidad y a sentir la misma carga; y contribuyen con ideas específicas: ¿qué hay sobre las necesidades educativas? ¿Colocación laboral? ¿Vivienda? ¿Plantar una iglesia? Hacen una puesta en común acerca de posibles recursos: fondos, experiencia, redes de trabajo similares, líderes clave, distritos electorales que puedan tener interés. Poco a poco el plan sale a flote. Solo es un plan para un año, no para diez, porque los líderes lo ven como una exploración con muchos desafíos imprevistos y oportunidades. En el primer año se involucran dos docenas de personas, pero en el segundo y el tercero lo hacen doscientas, y se funda una ONG para continuar el trabajo. A los cuatro años la organización ha descubierto tres modos principales de ayudar al grupo de refugiados y ha descartado otros cinco que eran un callejón sin salida. Interactúan con regularidad con una red de empresas similares de todo el país y sus experiencias ayudan a formar otras organizaciones. Aunque han establecido un sistema de buenas prácticas, todavía conservan la actitud de descubrimiento en su trabajo, sabiendo que quizá Dios tenga nuevos horizontes para ellos a los que nunca podrían llegar por sí mismos.

Caminando por fe

Abraham no supo lo que iba a significar la promesa de Dios de hacer de él una gran nación, especialmente el día de su muerte, cuando la única progenie que tenía era un hijo y la única tierra que poseía era el pedazo de terreno donde había enterrado a su esposa.

Los exiliados que retornaron de Babilonia a Israel durante el reinado de los persas no tenían ni idea de cómo reconstruirían una nación al completo, especialmente cuando se vieron rodeados de gente que quería que fracasasen.

Después de la crucifixión, los discípulos de Jesús no tenían ni idea de cómo encontrarían la fuerza o la dirección para continuar sin él.

El apóstol Pablo viajó miles de kilómetros a pie, a caballo y en barco en cuatro grandes viajes, plantando nuevas iglesias allí donde la tierra era buena. El relato histórico no menciona listas de ciudades, ni calendarios exigentes, ni métricas de éxito. Tanto la receptiva Tesalónica como la resistente Atenas tenían validez en la agenda.

Sin embargo, en todos los casos las respuestas llegaron a los descubridores-seguidores según fueron dando un paso de fe tras otro, convencidos de que su misión no estaba definida por planes estratégicos, sino por el Único que lideraba el camino.

¿Creemos que la visión de Dios para nosotros en el futuro supera con creces cualquier visión que pudiéramos haber elaborados nosotros mismos?

Nunca sabes adónde llevará el descubrimiento

En 1804 una expedición encargada por el presidente Thomas Jefferson partió hacia uno de los mayores descubrimientos de la historia americana. En aquel entonces las regiones conocidas de Estados Unidos estaban limitadas al este geográfico del Misisipí: menos de un tercio de la masa continental del territorio de Estados Unidos. Lo que se extendía al oeste hasta el océano Pacífico era una vasta región desconocida. El encargo que se le dio a Meriwether Lewis y a William Clark y a una escasa docena de hombres a su cargo fue que avanzaran hacia el oeste, buscando un paso fluvial hacia el Pacífico con el propósito de comerciar.

Dieciocho meses más tarde la expedición había fracasado en ese objetivo. No había, de hecho, ningún río que conectara las costas este y oeste del continente.

Eso es lo importante acerca de los descubrimientos: puede que no encuentres lo que esperas, pero lo que terminas descubriendo excede cualquier expectativa.

Los hombres de la expedición de Lewis y Clark fueron los primeros ciudadanos del recién creado país en ver las vastas llanuras y en experimentar su belleza y soledad, el ardiente calor y el feroz invierno. Fueron los primeros en acercarse a las montañas Rocosas y en pelear por cruzarlas, y los primeros en alcanzar el enorme océano Pacífico.

Cuántas veces se debieron preguntar cómo serían capaces de describir aquello de lo que habían sido testigos a sus amigos y familias, y a los oficiales del gobierno ante los que eran responsables. ¿Les creerían? Descubrieron 179 especies de plantas y árboles indocumentados hasta la fecha. Se encontraron no con cinco o diez nuevos grupos tribales, sino con cuarenta y siete, incluyendo a los Pawnees, los Teton Sioux, los Cheyennes y los Tillamook. Y luego estaban las 122 especies desconocidas de animales, peces y aves. Lewis y Clark se esforzaron por describir el oso pardo, el coyote, la foca común, la trucha arcoíris, el antílope y el alce: todos ellos desconocidos para la gente del lado Este. Lo que descubrió la expedición de Lewis y Clark no tenía que ver con el negocio y la victoria, sino con la propia tierra. Ellos partieron para descubrir un medio de comerciar; descubrieron algo mucho más importante.

La gente se sentirá inspirada si escucha con convicción que hay una inmensidad en Dios —su naturaleza, sus modos, su trabajo hecho y su trabajo en curso— dispuesta a ser descubierta. Somos exploradores. Tenemos que modificar nuestros mapas sobre la marcha porque nuestra visión de la realidad ha estado limitada y distorsionada. Y tenemos que viajar más allá de los bordes de nuestros mapas. Eso conlleva fe... un montón de fe. Los cartógrafos de las épocas pasadas dibujaban grandes monstruos en sus mapas en los mares inexplorados, un recordatorio de que yendo hasta el borde del mapa es como enfrentamos nuestros grandes miedos.

Descubrir es arriesgado. No ya un riesgo corporativo, sino personal.

Matar el descubrimiento

A menudo debilitamos este impulso de descubrir con preguntas, dudas y miedos. ¿Qué va a costar una nueva iniciativa, tanto en lo personal como en recursos? ¿Rechazarán el mensaje? ¿Fallará el método? ¿La gente a la que se reclute para la tarea la encontrará satisfactoria o decepcionante? ¿Este nuevo impulso hacia el exterior se verá como la liberación de los judíos de la esclavitud, como el cansancio del desierto o como la entrada a la Tierra Prometida? ¿Habrá alguien que encuentre leche y miel aquí, o parecerá otro árido desierto?

Hay numerosas cosas que matarán el descubrimiento, entre ellas:

El miedo al fracaso. El verdadero descubrimiento requiere que nos tomemos con ligereza cualquier presuposición que tengamos acerca de lo que constituye éxito o fracaso. La expedición de Lewis y Clark fue un fracaso si la definimos por su objetivo central, que era encontrar una ruta mercantil hacia el Oeste. Pero la expedición terminó con unos descubrimientos mucho más ricos de lo que hubieran imaginado.

El miedo a la pérdida. Puede que dudemos mucho en intentar nuevos modelos para nuestro trabajo porque no queremos arriesgarnos a perder algo que está funcionando ahora.

Objetivos limitados. Un viaje se define como el modo de llegar del punto A al punto B: una búsqueda es mucho más. Es misión en movimiento. Una exploración de lo que hay más allá de la vista. La visión como una revelación de la realidad en vez de un dibujo con colores predeterminados. Si nuestros objetivos establecidos apuntan solo a lo que podemos ver delante, entonces nunca conduciremos a la gente a territorios desconocidos.

Falta de curiosidad. Ningún líder descubrió jamás algo nuevo o creó algo innovador sin el hambre intelectual y espiritual de la curiosidad. Los líderes apáticos producen seguidores desapasionados y resultados aislados. La curiosidad es una forma particular de la pasión, un instinto que dice: «Hay algo más allá, yo sé que lo hay. Dios anda suelto, y si miro con los ojos de la fe seré capaz de ver lo que él quiere hacer en el mundo. Cada persona es interesante de algún modo». Deberíamos ser curiosos acerca de cada movimiento del Espíritu de Dios: no solo en aquel que nos afecta.

Comprometerse con la exploración

Un impulso a descubrir puede ser el motor de la influencia espiritual. Algunas veces toma la forma de una expedición: la movilización de un gran número de personas para ir a una búsqueda de varios años. Pero el descubrimiento puede ocurrir también en la experiencia del día a día. No necesita un presupuesto, y no necesita esperar la aprobación de un comité.

En las próximas veinticuatro horas, o al menos en la próxima semana, o mes, cualquiera de nosotros puede encontrar algunos lugares de descubrimiento que estén cercanos y que no conlleven meses de preparación:

- Lee las Escrituras a diario y registra un punto de vista nuevo o renovado en cada lectura.
- Encuentra a otro líder fuera de los círculos en los que normalmente te mueves.
- Ve a un lugar necesitado que nunca hayas visitado, ya sea en el barrio de al lado o en otra parte del mundo. Pero prepárate para abandonar las ideas preconcebidas acerca de la pobreza espiritual o física que piensas que encontrarás allí, y busca la gracia de Dios. Está abierto para descubrir tu propia pobreza espiritual.
- Visita un lugar de refugio y quédate un rato: un hospital, un centro de enfermería, una misión de rescate, una iglesia de barrio, un hospicio.

- Aconseja a un compañero en problemas.
- Hazte voluntario para dirigir un proyecto arriesgado.
- Haz algo que nunca hayas hecho. Toma una capellanía temporal, pasa un fin de semana en un ministerio urbano, lidera un estudio bíblico en la cárcel, ofrece consejo a una pareja que esté a punto de casarse, ofrécete a mediar en un conflicto, hazte tutor de niños en situación de riesgo, apoya a alguien en un programa de desintoxicación de drogas.

Todos debemos conocer nuestras zonas de confort para que podamos expandirnos más allá. Sin embargo, no busques la incomodidad como un fin en sí misma, y por supuesto no intentes ser algo parecido a un héroe. Otro modo de decir «sal de tu zona de confort» es decir «descubre lo desconocido». Una vez que dejamos atrás lo familiar empezamos a ver el trabajo que Dios ya está haciendo. Y entonces, en el nexo de lo divino y lo humano, Dios nos pondrá a trabajar donde nunca nos habríamos imaginado.

Ella es enfermera y abuela, y una auténtica dama inglesa. Siempre pensó que su contribución a la sociedad serían cuidados médicos y enseñanza. Pero cuando en 1982 la primera ministra Margaret Thatcher la nombró miembro vitalicio de la Cámara de los Lores, la baronesa Caroline Cox comenzó un impresionante viaje vital.

El helicóptero en el que iba fue acribillado a balazos desde el suelo en un remoto territorio de Azerbaiyán, pero se las arregló para hacer un aterrizaje suave sobre la nieve. Era su primer viaje a Nagorno Karabaj en 1992. La baronesa Cox (que decía: «llámenme Caroline») cruzó las fronteras militarizadas para llegar allí, donde había tenido lugar una masacre de armenios. La limpieza étnica dejó cuerpos quemados y decapitados, mujeres y niños raptados y casas hechas cenizas. Era una visita arriesgada. Aun así, Caroline Cox regresó a la pequeña región, accesible solo en helicóptero, unas cincuenta y ocho veces más en los siguientes años.

También viajó docenas de veces a Sudán, y a Corea del Norte, Birmania, Nigeria, Indonesia y algunos otros sitios. Su primera incursión después de convertirse en miembro de la Cámara de los Lores fue a la Polonia comunista, viajando en camiones cargados con treinta y dos toneladas de material para suministros. A menudo viajaba de incógnito, conocedora de que los gobiernos de los países que visitaba no la querían allí.

Como miembro de la Cámara de los Lores, se podía haber instalado en los asientos de piel roja de las solemnes cámaras del parlamento, en comités, debates y eventos sociales. Pero su filosofía —que se basaba directamente en sus convicciones espirituales— siempre había sido que para defender a los sufrientes y desahuciados debía ir y ser testigo de primera mano. Ser capaz de decir: «Yo estuve allí; lo he visto; sé cómo es». La gente a la que visita en los rincones escondidos del sufrimiento dice: «Gracias por venir. Dile al mundo lo que nos está pasando».

Ha sido un viaje de fe, que se caracteriza no tanto por tener un plan a largo plazo como por ir atravesando las puertas que se abren. Sus esfuerzos han beneficiado a huérfanos de Rusia, a cristianos perseguidos en Sudán, a discapacitados de todo el mundo y a muchos otros. Ella cree que «la dignidad es una corona de espinas».

La influencia espiritual de la baronesa Cox se expresa a través de la organización que fundó, Humanitarian Aid Relief Trust, y a través de tantas otras organizaciones en las que participa. Pero al final es su espíritu el que ha causado el impacto. Todo el mundo se sienta y toma nota de esa abuela con diez nietos, a la que algunos llaman «la baronesa luchadora». Pero nada de esto hubiera sucedido si ella no hubiera estado dispuesta a explorar más allá de sus fronteras.

Capítulo 6

HACER CORRER LAS IDEAS

Las grandes mentes discuten las ideas; las mentes medias discuten los acontecimientos; las mentes pequeñas discuten a la gente.

—*Anónimo*

Prueba esto: cierra los ojos y durante los próximos treinta segundos no pienses en un elefante rosa. Recuerda, no debes pensar en un elefante rosa. Preparados, listos, ya.

¿Cuánto has durado? ¿Y qué te dice del modo en que funciona la mente?

Una de las influencias más poderosas de nuestras vidas es invisible, a veces muy pequeña y a menudo hipotética. Ideas. Llenan nuestras mentes, motivan nuestras acciones. Le dan forma al modo en que vemos la realidad y —muy importante— posibilitan nuevas realidades. Algunas veces las ideas son impresiones mentales y otras veces convicciones minuciosas. Cuando se conectan con la creatividad, las ideas son una corriente a la que llamamos imaginación: a veces un chorrito, otras un torrente. La gente se deja llevar por su imaginación, lo que a menudo es el modo de que ocurran las mejores cosas.

Algunos líderes dicen que ellos son más de acción que de ideas. Pero a menos que se esté actuando por puro instinto animal sin ningún pensamiento detrás, toda acción tiene detrás alguna idea.

Las ideas son el núcleo de la influencia espiritual. Son realidades poderosas que se mueven de forma invisible de una persona a otra. Las ideas vienen y se van. Se siembran y crecen. Cambian y se desarrollan. Casi es como si tuvieran vida propia. Todos los líderes deberían preguntarse: ¿cuáles son las mejores ideas que puedo traspasar a los demás? O hacerse esta pregunta: ¿hay una gran idea con la que Dios me haya influido que deba ser la gran idea que yo traspase a los demás?

Las ideas son construcciones mentales; los ideales son ideas tan excelentes, tan perfectas, que nos arriesgaríamos a perder nuestras vidas y reputaciones por ellas. El motivo para la influencia espiritual es que comprendemos las buenas ideas y los ideales como regalos de Dios que deben ser compartidos.

Una de las cosas más adorables que Dios hace por nosotros es transformar nuestras mentes con sus ideas. Dios influye en nosotros con un constante flujo de imágenes de la realidad y conceptos trascendentes. Las ideas de Dios incluyen la verdad acerca de la naturaleza humana: única y gloriosa, rota y herida, moralmente perspicaz y corrupta. Las ideas de Dios incluyen verdades acerca de quién es él: su bondad, grandeza, amor, santidad. Dios hace correr en nuestras mentes ideas mucho mayores que nuestra propia mente. Por eso no es extraño que digamos que algunas cosas son tan grandes que «nos sobrepasan».

El poder de las ideas

La película de acción *Origen* utiliza una idea de la ciencia ficción para contar la historia de un impresionante robo. Un espía corporativo y ladrón ha desarrollado una capacidad única para entrar en el subconsciente de sus víctimas mientras están en un estado de profundo sueño inducido químicamente, y entonces inserta personajes y situaciones en el sueño que les conducen al final a descubrir valiosa información empresarial. La clave de la historia resultan ser las consecuencias involuntarias de plantar ideas en la mente de la gente. Cuando el personaje principal coloca una idea en la mente de su propia esposa (que quizá el mundo en el viven no sea más que una ilusión), la idea se enraíza, lo absorbe todo y finalmente le conduce a la ruina.

Piensa en las poderosas fuerzas de la historia que no eran más que ideas antes de entrar de lleno en la experiencia humana. Hasta el momento en que se apretó el detonador en una esfera metálica en una plataforma a treinta metros de altura en el desierto de Nuevo México el 16 de julio de 1945, la bomba atómica no era más que una teoría. Solo una idea. Pero en una fracción de segundo de luz cegadora y conmoción, la idea se convirtió en una fuerza que haría que las naciones se encogieran de miedo y que cambiaría irrevocablemente la realidad geopolítica. La democracia era una teoría que se debatía en las ciudades de la antigua Grecia antes de que nadie pensase ver si podía funcionar. Mucho antes de que los hermanos Wright hiciesen volar el primer avión tripulado en Kitty Hawk, alguien tuvo la idea del perfil alar: un ala que crearía succión en la parte alta, haciendo posible que una máquina más pesada que el aire se elevase por el cielo. En 1982 se estandarizó una red mundial de redes conectadas (la Internet), pero solo sobre la base de la idea de una «red de muchos [ordenadores], conectados mediante líneas de comunicación de banda ancha», que surgió en la década de 1960.

Luego están las grandes ideas sociales: libertad e igualdad; justicia y ley; oportunidad económica y educación avanzada. Toda la experiencia real en tales asuntos ha sido posible solo por las ideas que hay detrás. Estas ideas no flotan en el aire y caen sobre individuos desprevenidos: la gente toma las buenas ideas (y las malas también) y se vuelven sus defensores. Eso es una influencia poderosa.

Varios escritores bíblicos nos aclaran que nuestras vidas deben estar gobernadas por principios excelsos. Llámalos «verdad» o «sabiduría», o incluso «rectitud» (justicia), los ideales importan porque lo mejor de la vida sobre la tierra es una impresión del Dios del cielo. De esos ideales fluyen las ideas. De la estructura y la sustancia de nuestras ideas fluyen nuestras prioridades, decisiones y acciones. Y lo que hacemos en la vida después fluye e influye en la gente de nuestro alrededor. Las ideas importan. Los grandes ideales nos propulsan hacia caminos ilimitados; las ideas realmente malas nos dejan en la cuneta.

Las grandes ideas requieren un pensamiento profundo

La influencia espiritual fluye por debajo de la superficie de las cosas, y eso requiere lidiar con las dimensiones racionales más profundas de los asuntos y las ideas. Si nuestro pensamiento es superficial, nuestras soluciones serán superficiales. Lo que conlleva pensar con profundidad en las cuestiones es tiempo y esfuerzo para mirar, probar, estudiar, discutir y buscar las cuestiones con las que luchamos: todo basado en la convicción de que hacer conexiones racionales en un nivel profundo es el modo de procurar un cambio duradero. El pensamiento profundo es más una cuestión de trabajo duro que de genio.

Algunos críticos de la fe piensan que la gente que quiere ser más «espiritual» solamente puede hacerlo sacrificando su inteligencia. Estos críticos entienden la espiritualidad como una elección para ser antiintelectuales. No pueden entender cómo alguien puede preferir lo vago y etéreo a lo empírico y científico. Pero si todos los seres humanos son espirituales puesto que han sido hechos a la imagen de Dios, que es Espíritu, entonces el espíritu nunca estará enfrentado con el pensamiento y la racionalidad. Más bien, el espíritu es la cumbre de la mente y el orden. Ser inteligente no nos acerca a Dios; pero estar cerca de Dios activará nuestras mentes y creará un hambre de encontrar conexiones racionales para toda la vida.

Las personas comprometidas con la influencia espiritual deberían ser las más inteligentes de todas las de su alrededor porque ellas saben que la mente es un extraordinario regalo del Creador, cuya mente sobrepasa a todas las demás. Y se sienten entusiasmadas y comprometidas con el crecimiento del entendimiento. Ven la experiencia vital y la educación, la investigación y la simple lectura como el modo de alimentar sus almas hambrientas.

En las consecuencias de las decisiones de un liderazgo pobre, un coro de voces grita: «¿En qué estaban pensando?». La verdad es que puede ser que los que toman las decisiones no estén pensando en absoluto. Continuamente se coloca en puestos de importante influencia a gente sin ingenio y sin sabiduría. Y así es como terminamos con unas condiciones profundamente irracionales: una monstruosa deuda nacional, decisiones empresariales impulsivas, ministerios eclesiales ajenos de toda base bíblica y miles más de variaciones.

Necesitamos buenas ideas, pero algo más que las mejores últimas ideas de los expertos. Necesitamos las ideas en las que ningún humano puede pensar. Necesitamos las ideas de Dios acerca del propósito humano y la dignidad, la comunidad y la industria, el orden y el *shalom*.

Matando de hambre la mente

Hoy en día hay poderosas corrientes culturales que socavan y devalúan el pensamiento profundo. Para empezar, nuestra impaciencia y el deseo de una solución rápida hacen del pensamiento profundo algo poco atractivo. Lleva mucho tiempo, mucho esfuerzo. No tenemos margen para conversaciones o deliberaciones. Nos gustan las lecturas breves, y nos sentimos tan sobrepasados por la cantidad de libros disponibles sobre cualquier tema que quizá nos tiente no comprometernos con una lectura densa. Las montañas de carbón nos hacen olvidar que ahí hay diamantes dispuestos a ser encontrados si buscamos mucho.

Pasamos menos tiempo reflexionando en lo que leemos y vemos porque siempre hay otro canal al que cambiar, otra página web en la que aterrizar. Somos como peces lanzándonos de un objeto brillante a otro.

La bendición del vasto corpus de información disponible es también una maldición, porque es cortado en trozos del tamaño de un bite. También es dispersado en recipientes que contienen vastas cantidades de pensamiento digitalizado. Nuestra cobertura de conocimiento hoy en día no tiene la disciplina que requieren los libros impresos y los diarios. Ensarta juntas unas cuantas palabras —mándalas por correo electrónico, cuélgalas en un blog o tuitéalas— y ya estás registrado. Y alguien a miles de kilómetros de distancia considerará que tus palabras tienen tanta autoridad como las de aquel que se ha pasado toda la vida acumulando experiencia. Hoy en día cualquiera puede ser editor. Hay ventajas en la democratización de la opinión: donde el punto de vista de un bloguero es tan accesible como el de un columnista del *New York Times*. Pero se suele ignorar la credibilidad. Los comentarios de un bloguero acerca de un país en el otro lado del mundo no se pueden comparar con los de un periodista con carrera que ha vivido en aquel país.

Esto no es una arenga, y no es una crítica a las herramientas de la comunicación de masas. Las herramientas son solo herramientas. La radio, y después la televisión, y ahora Internet, son instrumentos impresionantes. Son vehículos que transportan enormes cantidades de carga intelectual. Pero debemos conducir esos vehículos, no montar pasivamente en ellos para dar un paseo.

La mente está hambrienta. ¿Pero cuál será su dieta?

Pensamiento y la imagen de Dios

Nuestra capacidad para el pensamiento racional es algo central en nuestra dignidad como criaturas hechas a imagen de Dios. Si queremos honrar a Dios ejercitando la influencia espiritual, apartaremos tiempo y esfuerzo para pensar en profundidad acerca de cada decisión que tomemos. ¿Cómo se supone que influiremos en los demás a menos que existan razones racionales detrás de nuestra influencia?

La Biblia enseña que la mente —la capacidad para el pensamiento racional y la reflexión— es una expresión de nuestra semejanza a Dios. Esta es la imagen de Dios en la humanidad. El pensamiento no está separado de otros modos en que funcionamos, como los sentimientos y la voluntad, pero dependemos de la mente para traer verdad y estructura a nuestras vidas. La mente es capaz de conocer a Dios, pero también puede ser corrupta y mostrarse en contra de Dios. La «mente carnal» es hostil contra Dios y no tiene intención de someterse a él (Ro 8.7). Hay fuerzas espirituales que ciegan la mente de la gente (2 Co 4.4). Algunos maestros y líderes influyen en los demás con mentes que son carnales, depravadas o corruptas (Col 2.18; 1 Ti 6.5; 2 Ti 3.8; Tit 1.15).

La mente debe ser renovada. Este es un principio de la influencia espiritual. «No os conforméis a este siglo, sino transformaos por medio de la renovación de vuestro entendimiento, para que comprobéis cuál sea la buena voluntad de Dios, agradable y perfecta» (Ro 12.2). Una mente es tan buena como lo sea su conexión con el Dios que la ha creado. Una mente renovada espiritualmente va más allá de la voluntad humana, hacia la divina. Una mente transformada es un equipamiento imprescindible para liderar a cualquier persona, grupo u organización a lo largo de una trayectoria que reclama su dignidad creada por Dios.

Hacer correr las ideas

Las ideas importantes son el motor del progreso, la estructura invisible que hay detrás de lo que construimos. Son también la sustancia de la influencia espiritual.

Si la influencia es algo que fluye y provoca cambios, una fuerza imperceptible o escondida, entonces las ideas son como una red de corrientes subterráneas que fluyen continuamente hacia nosotros y desde nosotros con la intención de afectar a los demás. Un gran liderazgo está basado en grandes ideas y grandes ideales. Pero tenemos que entender cómo funcionan las ideas.

En su libro *Where Good Ideas Come From* [De dónde vienen las buenas ideas], Steven Johnson desmonta el estereotipo de genio solitario en cuya mente brillante aparecen las ideas ya formadas. En su estudio de la ciencia, el descubrimiento y la innovación, Johnson muestra que algunas de las ideas más brillantes son el resultado de errores y desviaciones. También describe un proceso que él llama «la lenta corazonada», mediante el cual una gran idea, a veces revolucionaria, solamente va surgiendo poco a poco y es reconocida como una gran idea a través de las conexiones sociales. Johnson también describe el modo en que gente diferente tendrá ideas parciales que una vez conectadas se fusionarán en conceptos completamente formados. La información continua y las revoluciones en la comunicación del siglo veintiuno ofrecen una oportunidad para que las ideas parcialmente grandes encuentren otras ideas parciales y se fusionen en una emocionante innovación. La implicación para el liderazgo es que necesitamos mantener todas las redes vivas y en activo para que nuestras ideas parciales puedan combinarse con otras y resplandecer como auténticas fuerzas de influencia. Nuestras ideas siempre están tratando de encontrar colegas.

Sin embargo, el caos puede estallar si no somos cuidadosos con las ideas que elegimos asimilar y utilizar para influenciar las vidas de los demás. Así que debemos empezar con un conjunto de ideas que se encuentren en la Biblia, que es el marco para la fe racional. Debemos absorber el gran arco narrativo de la Escritura, que va desde la creación y la caída hasta la redención y la gloria. Debemos abogar por los grandes ideales que se encuentran enraizados en la propia naturaleza de Dios, como la justicia y el amor.

Vivimos en tiempos de un increíble flujo de ideas: algunas terribles y otras vivificantes. Podemos quedarnos parados pasivamente y asimilar las ideas que fluyen hacia nosotros. O podemos trabajar eligiendo lo que leemos, las conversaciones que tenemos, las conferencias a las que asistimos y las redes a las que nos vinculamos. Los líderes a menudo cometen el error de elegir los conductos de ideas que otros les imponen. Si los otros son «exitosos» porque leen a «esos» escritores en particular y asisten a «esa» ponencia y pertenecen a «esas» asociaciones, entonces quizá debamos hacerlo nosotros también. Pero un enfoque más valiente es tomar nuestras propias decisiones. Los líderes que se salen de la norma en la que viven otros líderes descubrirán ideas realmente frescas y las incluirán en el flujo. Constituirán los conceptos verdaderamente innovadores, aquellos que suenan locos y poco realistas. Influirán porque creen que hay un tesoro por descubrir, y no dudarán en blandir el pico.

Idea método

Un hombre abre la carta que le ha enviado uno de los líderes más grandes de su tiempo, John Wesley. ¿Qué tendrá que decirle a él el héroe del movimiento metodista? El hombre —que resulta que es pastor— debe haberse marchitado al confrontarlo Wesley por tener un ministerio superficial basado en un pensamiento superficial. «Apenas he conocido a predicadores que lean tan poco. Y, quizá por descuido, hayan perdido el gusto. De ahí que su talento en la predicación no haya aumentado. Es exactamente el mismo que hace siete años. Es alegre, pero no profundo; hay poca variedad; no hay orden en el pensamiento. Esto solo lo proporciona la lectura, con meditación y oración diaria... ¡Oh, comience! Dedique una parte del día para el ejercicio privado. Puede adquirir el sabor de aquello que no tiene: lo que es tedioso al principio, después será placentero... Hágale justicia a su propia alma; dele tiempo y el modo de crecer. No se mate de hambre a sí mismo más tiempo».

John Wesley era un pragmatista. Era la fuerza motriz detrás del movimiento de un pequeño grupo; iniciativas sociales, desde educación hasta el cuidado de la salud, pasando por el alivio de la pobreza; y la renovación de los líderes de las iglesias. Cabalgó decenas de miles de kilómetros a lomos de un caballo con la intención de predicar en cientos de pequeños grupos en pueblos de toda Inglaterra. Él era, en palabras de hoy en día, «un hombre muy ocupado».

Con todo, reconoció que a menos que siguiera aprendiendo, a menos que hubiera una racionalidad cultivada detrás de sus esfuerzos, su celo sería como un destello de pólvora en un campo abierto. Al final resultó que el movimiento que él lideró tuvo un efecto penetrante y duradero en la Inglaterra del siglo dieciocho. Algunos historiadores afirman que Inglaterra se libró de una revolución sangrienta como ocurrió en Francia a causa del efecto de la renovación metodista.

Hubo una cuidadosa reflexión detrás de la estructura de grupos pequeños llamada sistema de clases. Las reformas sociales de Wesley estaban basadas en una estrategia que era tanto práctica como bíblica. Sus miles de sermones eran profundos en contenido, pero comprensibles para la masas. Solo necesitamos imaginarnos a Wesley sujetando un libro en las manos mientras montaba a su caballo para comprender que Wesley creía que su acción necesitaba energía... y que la energía estaba en las ideas inscritas por los profetas y apóstoles, y por los pensadores contemporáneos.

Wesley no era el teólogo más brillante de su tiempo, y tenía su cuota de fracasos, incluyendo un matrimonio muy problemático. Pero su combinación de devoción, disciplina personal y un ministerio enfocado a la acción hizo de Wesley uno de los mejores ejemplos de influencia espiritual de los últimos siglos. Él sopesó cada paso de su trabajo, porque eligió alimentar continuamente su mente.

Plantar la idea seminal

Cuando pensamos en los grandes líderes del pasado debemos recordar su talento, pero solo del mismo modo en que recordamos alguna gran idea —una idea seminal— que dominó sus vidas y les condujo a llevar a cabo su gran logro. *Seminal*, que viene de la palabra latina para semilla, significa algo tan convincente que tiene una profunda influencia sobre los demás. Una idea seminal brota y crece, y después da fruto. Da vida. Una idea seminal esparce su propia semilla en lugares escondidos. Se infiltra. Puede transformar. Tiene el potencial para prevalecer.

La idea seminal de Martin Luther King Jr. era que todo el mundo merecía el mismo respeto porque todos tenían la misma dignidad otorgada por Dios. Abraham Lincoln fue impulsado por la idea seminal de que la unión de los estados no podía romperse. Winston Churchill defendió la idea seminal de que no se debía tolerar la tiranía bajo ninguna circunstancia.

El teólogo y obispo del siglo cuarto Agustín de Hipona fue llamado posteriormente «el doctor de la gracia» porque se posicionó en contra de las obras de justicia que se estaban imponiendo en muchas de las iglesias de su época. Agustín no se veía a sí mismo como el inventor de ninguna idea, sino como un canal del principio central del evangelio del Nuevo Testamento. Once siglos después de Agustín, Martín Lutero dio voz a la misma idea seminal, haciendo el énfasis en el regalo de una correcta relación con Dios a través de Cristo.

Más cerca de nosotros, Billy Graham predicó a millones de personas compartiendo la misma idea seminal: el amor perdonador de Dios en Cristo está disponible para todo el mundo. John Stott viajó por el mundo plantando la idea seminal de que la fiel enseñanza bíblica es lo que preserva la fe cristiana ortodoxa. Robert Pierce fundó la organización humanitaria World Vision con la idea seminal de que la fe requiere una respuesta práctica a los sufrimientos físicos de la gente de todo el mundo.

¿Ha colocado Dios en ti una convicción central, una idea seminal que deba ser el fundamento y la fuerza de tu influencia en las vidas de los demás? Algunos líderes conocen cuál es su idea seminal. Otros la están buscando. Por supuesto, es posible que Dios le dé a cualquier persona más de una gran idea o ideal. Sin embargo, como cuestión práctica, los líderes necesitan averiguar cómo mantenerse centrados en lo que hacen. Y si hay una idea inevitable —una pasión ardiente, un dolor, una convicción impulsora, la imagen de un mundo mejor que no te puedes sacar de la cabeza—, entonces quizá esa sea la idea seminal a la que Dios te ha llamado.

Hacer espacio para que la idea crezca

Así pues, ¿cómo profundizamos la meditación en nuestro liderazgo sin importar el escenario? ¿Y cómo promovemos la integridad intelectual y el crecimiento entre la gente con la que trabajamos? No es una cuestión de cociente intelectual, sino de elección y disciplina.

1. Toma tiempo para reflexionar las cosas. Modera el ritmo del proceso de toma de decisiones. Ninguno de nosotros quiere que alguien venga dentro de un año a decirnos: «¿En qué debían estar pensando?»... y no tener una buena respuesta. A veces tenemos que tomarnos las cosas con calma. Toma una gran cantidad de tiempo para analizar, reflexionar, investigar, buscar precedentes en otros escenarios de liderazgo, estudiar la Escritura, orar. Necesitamos ser determinantes, pero también deliberativos.

2. Lee. Lee a menudo. Lee mucho. Relee. Tenemos a nuestra disposición un universo de ideas, y hay dos métodos diferentes para acceder a ellas. Uno es ir a buscar una solución cuando tengas un problema. Así, por ejemplo, el líder busca un libro sobre resolver conflictos laborales cuando la catástrofe parece inminente. El mejor enfoque es cuando acumulamos puntos de vista e ideas continuamente por medio de una disciplina regular de lectura de contenidos de calidad. Ese es el camino a seguir. Es como almacenar madera para construir proyectos que todavía no se han concebido. Si no tienes un hambre natural por el aprendizaje, empieza poco a poco. Establece un patrón de lectura de quince minutos al día, y ve gradualmente aumentando el tiempo. Tal vez puedes intentar escuchar audiolibros, lo que te permite hacer varias tareas a la vez y tener un ritmo que te permita meditar en lo que estás aprendiendo.

3. *Ensancha tu aprendizaje.* También debemos asegurarnos de que no estemos en un gueto de lecturas. Todos tenemos nuestra clase de lecturas favoritas y a nuestros autores preferidos. Pero pensar con profundidad va mano a mano con ensanchar el pensamiento. Todos los líderes se benefician de las lecciones de la historia, por ejemplo. Los escritos que han pasado la prueba del tiempo a menudo son más útiles que la última publicación pasajera. Siempre nos sentimos tentados por la promesa de la última y flamante solución secreta. En el campo técnico quizá sea necesario estar al día de los últimos descubrimientos, pero en el liderazgo espiritual necesitamos encontrar y asimilar los principios y las prácticas que han sido desarrollados por gente impresionante, inteligente, sabia y divina: sea su publicación de este mismo año, de hace diez o de hace unos cuantos siglos.

4. *Aprende por otros medios... pero busca contenido de calidad.* La cantidad de audios y videos se expande exponencialmente. Podemos perder nuestro tiempo en un montón de porquerías, pero si buscamos mejor encontraremos excelentes contenidos.

5. *Mantente en permanente diálogo con compañeros.* La creación de redes, *networking*, que se le llama hoy, es un gran concepto que enfatiza la conexión y las relaciones. Las grandes ideas que descubrimos se amplificarán mucho cuando las discutamos con los demás. A través de la discusión llegamos a entender las muchas facetas de una idea realmente buena, y las ideas parciales se encontrarán y emergerán como fuerzas poderosas.

Hay una motivación aun mayor para la reflexión profunda. Al final, pensar es un acto de amor. Es necesario que nos importe lo suficiente la gente a la que servimos para hacer el trabajo de búsqueda, examen, comparación, contemplación, discusión y prueba de las mejores ideas que fluyen por nosotros como un río todos los días. Y pensar es un acto de amor hacia Dios: «Amarás al Señor tu Dios con todo tu corazón, y con toda tu alma, y con toda tu mente» (Mt 22.37). Cuando pensamos en profundidad en los valores y decisiones de nuestro liderazgo, honramos y amamos a Dios, y eso será quizá lo más importante que los demás observen.

Capítulo 7

APROVECHAR LAS OPORTUNIDADES

Un pesimista ve la dificultad en cada oportunidad; un
optimista ve la oportunidad en cada dificultad.

—*Winston Churchill*

La influencia espiritual es activa, buscadora, curiosa, valiente, explo-
radora. Significa tomar la iniciativa, pero a diferencia de otras formas
de liderazgo, los objetivos y propósitos provienen del propio liderazgo
de Dios. Las oportunidades abundan. Podemos tomar un sinfín de
iniciativas... la pregunta es qué iniciativas *debemos* tomar. ¿Cómo dis-
cernimos la diferencia entre las oportunidades que Dios abre y las que
son desviaciones de lo que deberíamos estar haciendo?

El enfoque pasivo es este: espera a ver lo que te sale al paso. El
enfoque agresivo es este: voy a hacerlo a mi manera. Hay otra posibilidad: sigue obedientemente el camino de Dios.

Si la tentación del influyente entusiasta es derribar un muro tras
otro, la de la gente más pasiva es entretenerse y procrastinar en nombre
de la espera por el Espíritu de Dios. Seguir el camino de Dios no es
una vía lenta; es un trabajo mucho más duro que el camino entusiasta.

Aprovechar las oportunidades está directamente relacionado con el don espiritual del discernimiento. Cuando vemos algo que parece una oportunidad, tenemos que discernir si estamos viendo una auténtica obertura, solo nuestro deseo o una idea al azar. Muchos líderes han chocado contra muros que en sus mentes estaban convencidos que eran puertas. Y otros líderes han dudado y han dejado pasar una oportunidad porque pensaron que era una ventana por la que mirar en vez de una puerta que cruzar.

La palabra *oportunidad* viene de dos raíces latinas: *ob* (hacia) y *portus* (puerto o embarcadero). Oportunidad significa entrar en el puerto. Ese lugar es apropiado, conveniente y oportuno. Allá donde pertenecemos. Lo que tiene sentido. Cuando vemos una oportunidad directa delante de nosotros y encaminamos nuestra dirección hacia ella, es como si condujésemos nuestro barco a casa.

Oportunidad no es solo lo que es posible, sino lo que es correcto. El discernimiento espiritual de las oportunidades otorgadas por Dios marca la diferencia entre el éxito y el fracaso, aunque a menudo el proceso de toma de decisiones es un desafío. Por ejemplo:

- Alguien se acerca a ti para convertirse en tu compañero en una nueva iniciativa. El trabajo parece valioso, los objetivos honrados. ¿Pero eso significa que es el momento y el lugar de tomar esa importante obligación?

- Alguien en tu iglesia descubre una nueva parcela puesta a la venta a un precio de ganga, y sugiere que es el momento de trasladar la iglesia lejos del ambiente urbano decadente hacia los espacios abiertos de las tierras de labranza a las afueras de la ciudad.

- Tienes que contratar a alguien para un puesto vacante. Antes siquiera de que la plaza se anuncie, un candidato aparentemente perfecto se muestra interesado. Tú crees que debe ser obra de Dios porque la persona casi cayó del cielo. ¿Pero es la decisión correcta o solo la fácil?

- Un ministerio evangelístico se dirige a ti para hacer una gran campaña en tu organización. Tienen una excelente trayectoria en estos temas, ¿pero es lo correcto para tu organización en este momento?

- Te sientes estancado en el trabajo que has estado haciendo durante unos cuantos años. Alguien se dirige a ti con un puesto de alto nivel en una emocionante organización nueva. Un cambio de escenario suena bien; el puesto sería un avance en la carrera. Pero te preocupa que aceptar lo nuevo sea más una huida de los problemas que un paso adelante en la dirección correcta.

- No esperabas estar soltero a tu edad. Te preguntas si tienes estándares demasiado altos. Una amistad parece estar convirtiéndose en algo romántico, pero no es la clase de persona con la que habías imaginado casándote.

¿Cómo decidimos qué puerta abierta atravesar?

Encontrar las puertas

Los apóstoles comprendieron una cosa profundamente: ellos no eran las personas influyentes... el Espíritu de Dios lo era. Pedro lo entendió por medio del fracaso y la restauración. Santiago por medio de las dificultades de ser el líder de la iglesia madre en Jerusalén. Pablo lo comprendió porque fue redirigido de forma drástica de enemigo de Cristo a ser su embajador. Se llevó consigo todas las herramientas de su educación hebrea y su estatus como ciudadano romano, pero dejó atrás el orgullo espiritual y la autosuficiencia que conllevaba ser fariseo.

Una noche Pablo estaba en la cubierta de un buque mercante echando una mano en medio de una tormenta en el Mediterráneo. ¿Terminaría igual que la última vez, cuando el barco acabó encallando en un banco de arena? ¿Llegaría a Roma, donde creía que había grandes oportunidades? Era un pasajero que no tenía bienes que vender ni fortunas que invertir. Solamente se trataba de un compañero de viaje y de él. Y ellos no sabían cómo serían recibidos o donde estarían viviendo dentro de seis meses.

Las pequeñas congregaciones de judíos diseminadas por el mundo mediterráneo estaban esperando al mesías; Pablo tenía el ministerio y el mensaje de la muerte y resurrección de Jesús. Para Pablo, una oportunidad propicia tras otra se fueron presentando como escalones de piedra a lo largo de todo el imperio.

A veces se recibía el mensaje con entusiasmo y gratitud; otras el rechazo era fuerte e incluso ponía en peligro la vida. Aun así, cuando Pablo se enfrentó con la dura oposición, nunca llegó a pensar que se había equivocado de camino o había interpretado mal una oportunidad. Ya fuera que el resultado de la misión diese un gran número de nuevos creyentes o fuera casi nada (como en Atenas), el enfoque de Pablo era seguir atravesando puertas.

Podemos aprender mucho de la metáfora de las puertas, como lo hace la Escritura.

Pablo dice en 2 Corintios 2.12: «Cuando llegué a Troas para predicar el evangelio de Cristo, aunque se me abrió puerta en el Señor...». Él estaba en su tercer viaje misionero, saltando de una ciudad a otra. Llegados a este punto, escapando de la persecución en Grecia, se sintió «atado por el Espíritu» para llegar a Jerusalén, aunque él (con razón) sentía que tendría serios problemas por delante. Las oportunidades son puertas que Dios abre. Es orientación divina, aunque no seas capaz de predecir lo que hay al otro lado.

Pablo escribe una carta desde la prisión pidiéndoles a los creyentes que oraran «para que el Señor nos abra puerta para la palabra, a fin de dar a conocer el misterio de Cristo, por el cual también estoy preso» (Col 4.3). El hombre sentado en una prisión de Roma está buscando que una puerta se abra. No la de metal de la cárcel, sino la de acceso a la gente de influencia de Roma. Pablo no era un elitista, pero no le pasaba desapercibido el hecho de que su encarcelamiento le había colocado en el mismo umbral de la puerta del César. ¿Y qué pasaría si esa clase de puertas comenzaban a abrirse? (Fil 4.22).

Una de las grandes puertas que Dios abrió en la primera generación de creyentes fue la apertura de las buenas nuevas de Jesús al ancho mundo. Cuando Pablo y sus acompañantes llegaron a Antioquía, donde había comenzado el viaje misionero, «refirieron cuán grandes cosas había hecho Dios con ellos, y cómo había abierto la puerta de la fe a los gentiles» (Hch 14.27). Había una revolución en marcha. Aquello, literalmente, cambiaría el mundo. Y el momento crucial fue cuando Dios abrió una puerta que solamente él podía abrir. Tuvo que ser un milagro en el corazón humano que los gentiles prestaran atención y que después realmente creyesen la verdad de que había llegado un salvador universal para el mundo, y que era un pobre judío que vivía en Palestina y que fue ejecutado como un criminal.

Y luego estaban las «puertas abiertas» del libro de Apocalipsis. La visión de Jesús diciéndole a la iglesia: «he puesto delante de ti una puerta abierta, la cual nadie puede cerrar» (Ap 3.8). Y el famoso «He aquí, yo estoy a la puerta y llamo; si alguno oye mi voz y abre la puerta, entraré a él, y cenaré con él, y él conmigo» (Ap 3.20). De nuevo Dios está al control de las puertas que se abren y nos invita a cruzar las que nos pone por delante.

La lección de la puerta es que tenemos que buscar las oportunidades que Dios coloca delante de nosotros, no cualquier dirección que pudiéramos forjar. Así pues, no forcemos las oportunidades, ni esperemos pasivamente a que Dios nos coloque donde deberíamos estar. Como hizo Pablo en sus viajes misioneros, debemos movernos, probar, explorar, mirar. Cuando vemos la luz colándose por la rendija de una puerta, si parece que sea algo hecho por Dios, corramos hacia ello. Tenemos que «aprovechar bien el tiempo» (Col 4.5; Ef 5.16).

Evaluar las oportunidades

¿Cómo podemos saber que se está abriendo delante de nosotros una oportunidad otorgada por Dios? Aquí hay algunas señales:

1. ¿Está de acuerdo esta oportunidad con tus valores como creyente y/o los valores del grupo o la organización de la que eres parte? Las buenas decisiones no son las que finalmente se basan en tácticas o estrategias, sino en un buen sistema de valores que sustenta esas tácticas y estrategias. Y desde una perspectiva espiritual, los valores no son nuestras decisiones arbitrarias. Nosotros debemos valorar algunas cosas porque Dios les ha dado valor. El valor es objetivo. Al principio de todo, Dios hizo un juicio de valor sobre todo lo que había hecho: «Es bueno», «Es bueno», «Es muy bueno». Así que cuando evaluamos una oportunidad, en el fondo lo que estamos preguntando es: «¿Dios ve esto como algo bueno?».

2. ¿Es coherente la oportunidad con tus objetivos? Con esto se supone que tenemos una idea cuidadosamente formada de nuestros propósitos (en lo personal o en lo empresarial). La mayoría de las veces tenemos que rechazar las oportunidades que no tienen nada que ver con nuestros propósitos... a menos que sea el modo de Dios de redirigirnos.

3. ¿Es la oportunidad el modo de Dios de redirigir tus propósitos y objetivos? Esto es lo que hace al liderazgo espiritual diferente de otras formas de liderazgo. Cuando estamos al control, nosotros decidimos nuestros objetivos, y respondemos a las oportunidades tal cual nos place. Pero aquellos que creen que trabajan bajo la soberana y benevolente superintendencia del Creador del universo, asumen que llegará un tiempo en que se les pedirá que cambien sus suposiciones, objetivos y trayectoria previa. A Abram se le pidió que dejara Harán. A Moisés se le dijo que hiciera un éxodo desde Egipto. Saulo de Tarso protegió celosamente los principios de los fariseos antes de ser redirigido de forma radical hacia la creencia en Jesús. Cualquiera de nosotros en cualquier momento podemos ser llamados por Dios para hacer algo diferente a lo que habíamos esperado.

4. ¿Se ajusta la oportunidad a los valores bíblicos? Algunas personas quieren encontrar una referencia bíblica con cada una de las decisiones que toman con la presunción de que ser fieles a la verdad de las Escrituras significa que hay un capítulo y un versículo para todo lo que hacemos. Pero la Escritura nunca dice que sea prescriptiva para cada eventualidad de la vida. No hay versículos específicos que nos digan que aceptemos un trabajo en una ciudad diferente. Ningún pasaje le dice a Susan que Mike es el hombre con el que se debe casar. Los pasajes bíblicos no deben ser utilizados como base para hacer crecer una organización. La verdad bíblica nos da principios y valores, y luego nosotros tenemos que aplicar el discernimiento espiritual a la toma de decisiones.

5. ¿Viola la oportunidad los valores bíblicos? Este filtro es muy importante. Evitará que un creyente acepte un trabajo en una productora de cine que produce pornografía, y evitará que un directivo cristiano haga movimientos poco éticos para exprimir a un competidor.

6. *Si la oportunidad requiere el movimiento de un grupo entero o una comunidad, ¿puede el líder convencer al grupo de que es una buena dirección?* He aquí otro delicado asunto para la influencia espiritual. Por un lado, si Dios está abriendo una puerta, el líder tiene que llamarlo así. Pero todos conocemos ocasiones en las que alguien reclamaba el liderazgo de Dios, pero no era más que retórica imaginaria o manipuladora para conseguir únicamente que la gente le acompañara. Nuestra protección de la arbitrariedad viene en forma de reflexión y consejo. Solamente los líderes inseguros dan un salto sobre la puerta y le imponen a los demás una redirección completa sin ninguna clase de proceso. Puede que Dios le dé una visión a un líder en particular (de hecho, las visiones normalmente son experiencias del individuo), pero los influyentes sabios están dispuestos a que la visión sea probada por formas razonables de reflexión. Vigila al líder que pone una nueva idea muy importante sobre la mesa e inmediatamente la impone para probar la lealtad y la obediencia.

Tarde o temprano todos miraremos el espejo retrovisor y nos dará una punzada de remordimientos por las oportunidades perdidas. La mayor parte del tiempo, lo que está hecho, hecho está. Pero podemos aprender de esas experiencias: averigua lo que pasó. ¿No lo vimos? ¿Dejamos que alguien nos hiciese cambiar de opinión? ¿Nos faltó energía o compromiso?

Pero también tenemos que aprender de los errores: los pasillos que parecen oportunidades en el momento, pero que realmente no son más que una ilusión o la prioridad de otra persona. De nuevo, no podemos cambiar el pasado, y no deberíamos paralizarnos por el arrepentimiento.

Ver las oportunidades con claridad y después aferrarte a ellas es parte del proceso de maduración. Podemos confiar en esto: según avance la vida, más oportunidades tendremos por delante. Pero los influyentes también han de pararse de vez en cuando y comprobar su enfoque personal acerca de la dirección y la oportunidad. Al principio de este capítulo contrastamos al líder entusiasta que abre las puertas a patadas con el líder pasivo que simplemente espera que las cosas ocurran. Normalmente estas tendencias están enraizadas en nuestro temperamento. Pueden dirigirse hacia el bien... si somos conscientes de nosotros mismos. Necesitamos líderes comprometidos y activos; necesitamos líderes reflexivos y cautelosos. Aunque sus personalidades puedan chocar, obviamente Dios trata de que se hagan la cosas trabajando con gente de temperamentos opuestos. Nuestra mejor salvaguarda contra nuestras limitaciones personales es creer, con convicción, que realmente Dios está ahí yendo por delante, definiendo direcciones y redirecciones y dirigiéndonos a los puertos seguros.

Capítulo 8

HACER LAS COSAS BIEN

> En su mejor momento, el hombre es el más noble de
> los animales; separado de la ley y la justicia, es el peor.
>
> —*Aristóteles*

Si hubieras caminado por las calles de Berlín a principios de mayo de 1945, habrías pensado que caminabas por una delgada línea entre el cielo y el infierno. Restos en llamas, pilas de ladrillos donde una vez hubo edificios neoclásicos, silencio y desolación excepto quizá por el sonido de un tanque soviético patrullando por una calle cercana o el ladrido de un perro hambriento. La batalla de Berlín había terminado. El último de los 363 ataques aéreos de los aliados sobre la ciudad había terminado. Pronto se descubriría el cuerpo carbonizado de Hitler en el exterior de su búnker. Y puede que te preguntaras: ¿y ahora, qué? ¿Qué se puede hacer con ese mundo devastado? Es bastante desafiante pensar en lo que llevaría reconstruir apartamentos y edificios públicos, los museos y las iglesias, pero más dura aún es la pregunta: ¿cómo se puede reconstruir la humanidad después de sus periódicos ataques de maldad?

El mundo intentaba reconstruirse de la enfermedad y la destrucción del nazismo a la vez que se reconstruían las ciudades derrumbadas. Pero apenas dieciséis años después, los soviéticos construirían un muro en Berlín que demostraría que la historia, a veces, es un proceso de vaivén entre un mal y otro. A su tiempo, el muro de Berlín se derribaría veintiocho años más tarde, a martillazos, vendiendo sus trozos como souvenir, y tomaría el relevo una nueva generación que diría: ¿qué hacemos ahora?

¿Quién puede reconstruir?

En este mismo momento cualquiera de nosotros puede echar un vistazo alrededor y preguntarse lo mismo: ¿quién va a reconstruir este mundo? Frente a la angustia económica, la extrema pobreza, el tráfico de personas, la transigencia moral, la corrupción gubernamental y la transgresión personal, ¿quién tiene el valor de hacer algo? ¿De hacer cualquier cosa? ¿Es el mundo una causa perdida? ¿Es mi familia una causa perdida? ¿La oficina donde trabajo? ¿La escuela en la que enseño? ¿La iglesia donde sirvo?

Nadie puede resolver los problemas de un país, mucho menos los del mundo, pero todo el mundo, en cualquier momento, puede hacer algo. Es una convincente razón para comprometerse a ser una influencia espiritual. La llamada de Dios a su gente incluye esto: haz lo que puedas (siempre que sea posible) para hacer las cosas bien.

Los profetas del Antiguo Testamento nos ofrecen un mensaje destinado a aplastar el orgullo y a restaurar la esperanza simultáneamente. Su mensaje era este: nunca es demasiado tarde para dar marcha atrás. Dios no se ha dado por vencido con la raza humana, así que la gente tampoco debería hacerlo. Somos impotentes para construir o reconstruir la vida humana: no porque los problemas humanos no sean enormes, sino porque nunca en principio tuvimos el poder de crear o restaurar la vida. Pero Dios nos usa como sus instrumentos para hacer las cosas bien.

Se necesita hacer las cosas bien en cada aspecto de la vida. Los educadores pueden expresar conocimientos que cultivan la vida. Los empresarios pueden abrir la oportunidad para trabajos remunerados.

Los padres pueden modelar en sus hijos una vida vivida con rectitud. Los funcionarios del gobierno pueden esforzarse por realizar políticas que sirvan y protejan a sus compañeros ciudadanos. Algunas personas tienen el llamado de ir a lugares lejanos para trabajar por la justicia. Pero nosotros, simplemente poniéndonos de pie en donde estamos y mirando alrededor, veremos oportunidades en todas las direcciones para hacer las cosas bien.

El profeta Miqueas realiza una simple declaración que nos desafía a hacer las cosas bien con el poder que Dios nos da.

> Oh hombre, él te ha declarado lo que es bueno,
> y qué pide Jehová de ti:
> solamente hacer justicia, y amar misericordia,
> y humillarte ante tu Dios.
>
> —*Miqueas 6.8*

Volvemos una y otra vez a esta simple afirmación porque responde a dos cuestiones eternas: ¿qué es bueno? ¿Qué quiere Dios?

Esta contundente proposición dice que no hay misterio acerca del bien definitivo y lo que complace a Dios, así que tenemos claridad, certeza y enfoque. Tres cosas: haz justicia, ama la misericordia y humíllate. Tres cosas que son en realidad un movimiento espiritual redentor: hacer las cosas bien (hacer justicia) como actos de benevolencia (amar la misericordia) en el poder de Dios (humillarse). Memorizamos este versículo no solo porque sea memorable, sino porque resume la ética tanto del Antiguo como del Nuevo Testamento. Mantiene unidos a la justicia y al amor, que nosotros separamos tan a menudo. Junta la acción decisiva con la actitud humilde. Requiere sumisión a Dios antes de cualquier acto altruista. Mantiene la influencia en el nexo entre lo divino y lo humano.

Rectitud y justicia

El vocabulario de la fe en la Escritura incluye estos ideales fundamentales: rectitud y justicia. No son realidades separadas; están unidas entre sí. La rectitud es cuando las cosas están «rectas»; la justicia es cuando hacemos que las cosas estén «rectas». Todo se trata de ser recto, o de hacer las cosas rectas mientras vivimos en un mundo torcido. Demasiado torcido. En muchos modos. También se trata de ser lo suficientemente sabio como para darse cuenta de que el problema no está «fuera», sino que reside y emana de la naturaleza humana.

En cierta ocasión un periódico londinense propuso una pregunta filosófica a sus lectores: «¿qué va mal en el mundo?». El brillante escritor G. K. Chesterton le envió esta carta al editor:

> Queridos señores:
> Yo.
>
> Suyo afectuosamente,
> G. K. Chesterton

La gente «recta» simplemente es gente que está «bien» con Dios. Estuvieron separados de Dios, y algunas veces fueron hostiles contra él, otras indiferentes y ahora —solo por la gracia de Dios— han restaurado su relación con él. Nuestra amistad rota ha sido restaurada (reconciliación). Como criminales confesos, hemos sido absueltos en un tribunal (justificación). Como esclavos, hemos sido puestos en libertad (redención). Somos como huérfanos que han sido acogidos en una familia amorosa (adopción). Somos pecadores que necesitan la clase de perdón que solamente puede ganarse por un sacrificio del máximo valor (expiación).

La rectitud no es un halo que aparece sobre nuestras cabezas porque hayamos cultivado la virtud o porque nos estemos portando bien. La rectitud, de acuerdo a la mayoría de los estudiosos bíblicos, no es un atributo personal en absoluto: es el estado espiritual de una relación real con Dios.

Y este es un poder espiritual más increíble. La gente que se pone de buenas con Dios tiene el deseo, el llamado y el poder de hacer las cosas bien con otra gente. Esta es la lógica espiritual de la justicia. El acto de Dios de restaurar la rectitud *en* los seres humanos conlleva actuar con rectitud y justicia *entre* los seres humanos. Esta es la influencia espiritual: la rectitud fluye *hacia* nosotros, y entonces puede fluir *desde* nosotros.

El mandato de hacer las cosas bien se repite muchas veces en el Antiguo Testamento.

Así habló Jehová de los ejércitos, diciendo: Juzgad conforme a la verdad, y haced misericordia y piedad cada cual con su hermano; no oprimáis a la viuda, al huérfano, al extranjero ni al pobre; ni ninguno piense mal en su corazón contra su hermano.

—*Zacarías 7.9–10*

Así ha dicho Jehová: Haced juicio y justicia, y librad al oprimido de mano del opresor, y no engañéis ni robéis al extranjero, ni al huérfano ni a la viuda, ni derraméis sangre inocente en este lugar.

—*Jeremías 22.3*

Él ama justicia y juicio; de la misericordia de Jehová está llena la tierra.　　　　　　　　　　　　　　　　　　　—*Salmos 33.5*

Párate y deja que este sencillo versículo del salmo 33 se asiente. La tierra está llena de la misericordia de Dios. Este mundo —este mundo roto, enfermo, corrupto, desigual, incierto y dado a catástrofes— es amado por Dios. Él lo ama amando y promoviendo la rectitud y la justicia. Dios sabe que no es demasiado tarde para el mundo. Puede que Berlín arda... hasta que sea reconstruido. Puede que una niña de la India sea capturada como esclava sexual... hasta que alguien la rescate. Puede que la malaria mate a los niños... hasta que haya gente generosa que compre mosquiteras para toda una nación del África subsahariana. Puede que abusen de un adolescente poco adaptado socialmente en la escuela... hasta que los padres y los administradores de la escuela tomen cartas en el asunto. Puede que un drogadicto salga de la cárcel una vez más, vulnerable al mismo patrón de adicción y delitos... hasta que encuentre un programa de rehabilitación eficaz que incluya a una comunidad bondadosa.

La injusticia corroe nuestra humanidad dondequiera que la experimentemos. Así no se supone que deben ser las cosas. No se suponía que Adán y Eva desobedecerían a Dios. No se suponía que Caín mataría a su hermano Abel. Una de cada siete personas del mundo no deberían irse a la cama hambrientas esta noche por culpa de los problemas políticos y la distribución. Tenemos que indignarnos con la injusticia para poder ser defensores de la justicia.

A lo largo de la historia los seres humanos han demostrado de cuántas maneras un alma sucia y oscura puede destrozar la cosas. El llamado de Dios viene en consecuencia. Nos ha mostrado lo que es bueno y lo que él exige. Haz justicia, ama la misericordia, sé humilde. Haz las cosas bien... cuando puedas y como puedas.

Si tenemos el potencial de hacer las cosas bien (en cualquier medida), uno puede pensar que clamaríamos por la oportunidad. Pero la rectitud y la justicia van en contra de la naturaleza humana porque tienen un coste. Hacer las cosas bien siempre está bien, pero nunca es sencillo.

La ley de la jungla parece ser lo natural en el mundo. Comer o ser comido. Matar o ser matado. Puede compensar. Agárralo antes de que otro se lo lleve. Aprovisiónate porque no sabes si tus existencias se agotarán. Sigue la llamada regla de oro (quien tiene el oro hace las reglas).

Es revelador que tengamos tantos modos de expresar esta visión de la vida tan fatalista. Terriblemente, esta visión ni recuerda ni respeta la rectitud. Nos debería dar vergüenza consentirla en nombre de ser «realistas».

Grandes objetivos

En un día primaveral de 1786 tres hombres caminaban por los terrenos de una hermosa finca inglesa hablando de los problemas y las injusticias de su país. Los tres eran políticos: el primer ministro, William Pitt; el futuro primer ministro, William Grenville; y un miembro del parlamento, William Wilberforce. Los tres tenían solo veintisiete años.[1]

Cuando pararon su conversación junto al tronco de un enorme y viejo roble, Wilberforce tomó una decisión fatídica que había estado

---

1. Para conocer la historia completa, ver Eric Metaxas, *Amazing Grace: William Wilberforce and the Heroic Campaign to End Slavery* (San Francisco: Harper One, 2007).

sopesando durante semanas. Resolvió plantearle al parlamento la abolición de la trata de esclavos: una decisión trascendental que tendría ramificaciones que cambiarían el mundo, pero que en aquel momento era un movimiento que ponía en peligro su vida.

Esta justa causa estaba buscando un defensor en una posición de influencia. Los abolicionistas ya habían comenzado a denunciar la práctica del robo de hombres, mujeres y niños del continente africano para que trabajasen en los campos de caña de azúcar de dominio británico en el Caribe. Sin embargo, existía una impresionante resistencia económica y política a la idea de parar el lucrativo comercio de esclavos. La causa buscaba una voz con una conciencia real. Aunque era un hombre pequeño, que estaba enfermo a menudo, William Wilberforce era la persona perfecta para arrojar luz sobre una seria maldad, diciendo: «Esto no está bien. Debe arreglarse». Su aspecto de metro y medio no era impresionante, pero sí su discurso público, que provocó que un sorprendido James Boswell dijera que Wilberforce era una «gamba» que cuando hablaba tomaba la estatura de una «ballena».

El joven parlamentario no se habría hecho eco de la causa si no hubiera sido por un despertar espiritual. Durante los años previos, Wilberforce había tenido una seria búsqueda espiritual, leyendo la Escritura, estudiando los textos clásicos cristianos y hablando con amigos de confianza. Entre ellos se encontraba John Newton, el anciano pastor y antiguo capitán de barco de esclavos que se había convertido de forma drástica de una vida de tratante de esclavos a una vida dedicada a ser un humilde siervo de Dios. El espíritu de Newton se resume en su clásico himno: «Sublime gracia». El mundo tiene que agradecerle a Newton que convenciera a Wilberforce para que siguiera en política tras su conversión espiritual.

El día que Wilberforce se puso en pie para hablar en el parlamento, y con precisión, lógica y gran detalle expuso la cuestión de la abolición del comercio de esclavos, no tenía ni idea de que vendrían veinte largos años de debate, esfuerzo y sufrimiento antes de que la esclavitud se declarase ilegal. Llevaría otros veintiséis años para que los esclavos estuvieran realmente emancipados. Hoy nos cuesta pensar que la población inglesa supiera lo que hacían y no pidieran el cambio. Los abolicionistas habían obtenido dibujos de barcos de esclavos que mostraban las crueles técnicas de confinamiento de cientos de esclavos bajo la cubierta, alineados como troncos de madera y encadenados juntos. La gente escuchaba hablar de la miseria y el hedor, las enfermedades que hacían estragos entre los africanos durante su viaje de semanas cruzando el Atlántico. Escucharon hablar de un capitán que lanzó esclavos vivos por la cubierta con la intención de hacerse con el dinero del seguro.

Pero era una cultura terriblemente tosca la de aquel tiempo. Wilberforce tuvo dos grandes objetivos en su vida. Escribió esta entrada en su diario en 1787: «Dios Todopoderoso me ha puesto por delante dos grandes objetivos, la supresión del comercio de esclavos y la reforma de las costumbres [valores morales]». Wilberforce no solo se opuso a la esclavitud; también trabajó para mejorar la cultura de la gente que se entusiasmaba con los colgamientos públicos, con la disección pública de los criminales muertos y en los sangrientos espectáculos animales que incluían la práctica del tormento de toros (toros descuartizados por perros de grandes mandíbulas en las plazas públicas). La corrupción y la inmoralidad estaban extendidas: una cuarta parte de las mujeres de Londres trabajaban como prostitutas. La clase aristocrática protegía sus privilegios sin importarles la equidad o la justicia. Y nunca antes había pensado nadie que la justicia social fuera un asunto apropiado para el cuerpo legislativo.

Lo que Wilberforce consiguió fue más allá de la abolición del comercio de esclavos, por increíble que eso resulte. Introdujo la idea seminal de que la conciencia social era parte de los asuntos adecuados para los cuerpos legislativos y los poderes políticos. El ideal saltó al otro lado del Atlántico a los recientemente formados Estados Unidos de América. Décadas más tarde Abraham Lincoln reconocería la poderosa influencia de aquel pequeño miembro del parlamento de Inglaterra, William Wilberforce.

La injusticia hoy

Mucha gente hoy en día cree que William Wilberforce y Abraham Lincoln resolvieron el problema de la esclavitud. Sin embargo, hoy viven en cautiverio muchos más seres humanos que nunca en la historia. Esto incluye a la gente en los lugares empobrecidos del mundo que tienen que empeñarse en préstamos que nunca serán capaces de pagar. Ellos trabajan, y sus hijos trabajan, y la deuda pasa a la siguiente generación. Incluye a mujeres y niños sometidos como esclavos en la industria sexual, despojados de toda dignidad, privados de libertad. Incluye los trabajos forzados donde la gente es mantenida en contra de su voluntad. Los seres humanos ya no se venden como enseres en bloques de subasta, pero todavía hay esclavitud cuando hay gente sometida, dominada y explotada.

Como en los días de Wilberforce, existe una conciencia creciente, una voz de derecho, en contra de la cruel injusticia del tráfico humano. Pero como en los días de Wilberforce, los gobiernos no están predispuestos a pasar a la acción, y así la justicia tiene lugar cuando la gente valiente se infiltra y se enfrenta a los burdeles, o a las granjas cuidadas por esclavos, o a las fábricas donde los trabajadores encadenados se utilizan como animales. La justicia, a veces, se hace rescatando de uno en uno.

Podemos sentirnos paralizados por la pregunta: ¿qué podemos hacer frente a la sobrecogedora injusticia social? Únelo a la creencia de que Dios solo está interesado en salvar almas, y no cuerpo, y prácticamente no haremos nada. Y súmale a eso el siempre presente interés propio de nuestros corazones, y le daremos la espalda a la viuda, al huérfano, al extranjero y al pobre: cuatro arquetipos de humanos necesitados mencionados numerosas veces en el Antiguo Testamento. O podemos recordar las revolucionarias palabras de Jesús cuando describía el tiempo en que el Hijo del Hombre regresaría a la tierra:

> Entonces el Rey dirá a los de su derecha: Venid, benditos de mi Padre, heredad el reino preparado para vosotros desde la fundación del mundo. Porque tuve hambre, y me disteis de comer; tuve sed, y me disteis de beber; fui forastero, y me recogisteis; estuve desnudo, y me cubristeis; enfermo, y me visitasteis; en la cárcel, y vinisteis a mí.
>
> Entonces los justos le responderán diciendo: Señor, ¿cuándo te vimos hambriento, y te sustentamos, o sediento, y te dimos de beber?

¿Y cuándo te vimos forastero, y te recogimos, o desnudo, y te cubrimos? ¿O cuándo te vimos enfermo, o en la cárcel, y vinimos a ti?

Y respondiendo el Rey, les dirá: De cierto os digo que en cuanto lo hicisteis a uno de estos mis hermanos más pequeños, a mí lo hicisteis.

—*Mateo 25.34–40*

Todos podemos aplicarnos la simple utilidad de este pasaje. Los sirvientes del rey hicieron dos cosas: *vieron* y *actuaron*. Sea cual sea la esfera de influencia que nosotros ocupamos, podemos y debemos hacer lo mismo. Ver y actuar. Abrir los ojos significa estar dispuesto a mirar a los lugares difíciles de nuestro alrededor, las tragedias familiares, las enmarañadas políticas sociales, las relaciones abusivas y el abuso de poder, el dolor de los oprimidos, la soledad de los desahuciados. Ver incluye una búsqueda seria y curiosidad moral. Y después decidimos cómo actuar: para la persona que se encuentra a un kilómetro de donde vivimos y en beneficio de la gente que vive a miles de kilómetros.

El compromiso de hacer las cosas bien es una figura fundamental de la influencia espiritual. Necesitamos tomar cada pequeña parte del mundo donde podemos marcar la diferencia, dejar a un lado cualquier duda y actuar. Si no nos vemos capaces de tal tarea, es comprensible, porque el único poder real que tenemos es el que Dios da. Dios hace las cosas bien con nosotros y después nos encomienda que actuemos como es correcto a sus ojos. Haz justicia, ama la misericordia, sé humilde. No actuamos simplemente desde una conciencia culpable (lo que siempre da como resultado un impacto débil y temporal), sino porque estamos influenciados por la misma esperanza implacable de Dios para el mundo. «Él ama justicia y juicio; de la misericordia de Jehová está llena la tierra» (Sal 33.5).

Capítulo 9

HABLAR EN LAS CRISIS

En lo cual vosotros os alegráis, aunque ahora por un poco de tiempo, si es necesario, tengáis que ser afligidos en diversas pruebas, para que sometida a prueba vuestra fe, mucho más preciosa que el oro, el cual aunque perecedero se prueba con fuego, sea hallada en alabanza, gloria y honra cuando sea manifestado Jesucristo.

—*1 Pedro 1.6–7*

Una crisis nos abre como un terremoto lo hace con la corteza terrestre. Una crisis es un tiempo para decidir, un punto de inflexión. Los momentos críticos requieren una reacción espiritual y abren toda una oportunidad nueva para la constante influencia espiritual. Una crisis es cuando aprendemos acerca de nuestros instintos básicos, porque los corazones de la gente se rasgan, lo que está dentro sale a la luz y es posible que nuevas verdades y valores lleguen a entrar.

De todas las influencias formativas en la vida espiritual de la gente, la experiencia más influyente es la crisis. La gente nunca se olvida de una travesía desgarradora plagada de peligros —una verdadera crisis— y en lo que aprendieron sobre la fe durante y después de aquel tiempo. Las experiencias más deformadoras de la vida a menudo acaban siendo las más formativas.

El ministerio de la presencia

Una y otra vez en las Escrituras lo que Dios dice en tiempos de crisis es: estoy aquí. No te abandonaré. No estás solo.

> Y él dijo: Mi presencia irá contigo, y te daré descanso.
> —*Éxodo 33.14*

> Cercano está Jehová a los quebrantados de corazón; y salva a los contritos de espíritu.
> —*Salmos 34.18*

> Dios es nuestro amparo y fortaleza, nuestro pronto auxilio en las tribulaciones.
> —*Salmos 46.1*

> Sean vuestras costumbres sin avaricia, contentos con lo que tenéis ahora; porque él dijo: No te desampararé, ni te dejaré; de manera que podemos decir confiadamente: El Señor es mi ayudador; no temeré lo que me pueda hacer el hombre.
> —*Hebreos 13.5–6*

Ayudar a las personas en tiempo de crisis está basado en el ministerio de la presencia: de estar aquí, con plena conciencia, sensibilidad y empatía. Para cualquier líder que sea un activista de corazón, el ministerio de la presencia puede parecer muy poco. Casi un insulto. ¿Cómo es posible que simplemente «estar ahí» sea significativo y eficaz? ¿Qué se logra con eso? El médico de una sala de urgencias puede revivir a alguien cuyo corazón haya dejado de latir, un bombero puede extinguir llamas mortales, un policía puede poner al delincuente tras las rejas. Este tipo de asistencia en el momento de la crisis nos parece valiosa. Los líderes quieren arreglar cosas.

Pero cuando la crisis estalla en un primer momento, no se trata de arreglar. La vida espiritual y la influencia pueden marcar una diferencia vital cuando el terremoto de la crisis golpea, pero a menudo llega en forma del ministerio de la presencia.

Cuando los hebreos deambularon por tierras desérticas durante años —preocupados por el agua, la comida, los enemigos, las enfermedades—, Dios les ofreció lo más importante: su presencia. Él hizo su presencia tangible en forma de tienda a la que llamó tabernáculo. «Y harán un santuario para mí, y habitaré en medio de ellos» (Éx 25.8). El tabernáculo le recuerda a su gente que Dios elige vivir en medio de ellos. Él llama hogar a todo lo que nosotros llamemos hogar... aunque no lo sea. Nuestras vidas siempre están en movimiento mientras caminamos, buscamos, batallamos y trabajamos. Nuestra esperanza es que el Dios del cielo de allá arriba está con nosotros. Mira esa tienda de allí. Fue idea de Dios, no nuestra.

Dios continúa montando tiendas, estando con la gente. Resumiendo el ministerio y la misión de Jesús, Juan dijo: «Y aquel Verbo fue hecho carne, y habitó entre nosotros» (Jn 1.14). La palabra *habitar* en este versículo significa montar una tienda, una alusión obvia al peregrinaje por el desierto. Aquí está el mismo Dios haciendo lo mismo. Él vive entre nosotros. Su presencia importa. Y así lo hace la presencia de la gente que ejercita su influencia espiritual.

Debemos sacar de nuestra cabeza cualquier sensación de que solo «estar ahí» es lamentablemente inadecuado. Si alguna vez has estado en crisis comprenderás lo importante que es la presencia de los demás. En el liderazgo espiritual somos llamados constantemente a situaciones que no podemos arreglar. Nadie puede revertir el nacimiento de un bebé muerto; nadie puede obligar a un adúltero compulsivo a que ame a su esposa; nadie puede deshacer una bancarrota. Lo que podemos hacer es ayudar a la gente a dar el siguiente paso, o a conseguir la ayuda de otros. Pero lo primero en respuesta a una crisis debe ser esto: ve allí, está allí, cuida. A menudo los líderes son llamados a sacar a la gente de su propia impotencia.

> Alzaré mis ojos a los montes;
> ¿de dónde vendrá mi socorro?
> Mi socorro viene de Jehová,
> que hizo los cielos y la tierra.
>
> —*Salmos 121.1–2*

La medida del ministerio de la presencia consiste en miles de personas que en miles de situaciones le han dicho a un líder: gracias por venir. Gracias por estar aquí. Y recordarán durante años que viniste. Cuando percibimos la necesidad y respondemos satisfaciéndola, puede que nuestra presencia sea lo que lleve a la gente en crisis al otro lado del abismo. Ese es el llamado de la influencia espiritual en ese momento y en ese lugar. La gente aprecia el sencillo ministerio de la presencia porque la soledad y el aislamiento se encuentran entre las experiencias espirituales más dolorosas.

Llámalo por su nombre

¿Alguna vez has estado en un funeral donde la gente hiciera auténtica gimnasia verbal para referirse a la muerte de cualquier otra manera que no fuera por su nombre? El fallecido «ha partido a la presencia del Señor», o «ha marchado a conocer a su creador», o «ha abandonado este feo mundo», o «se ha ido a un lugar mejor». Al menos estos son más delicados que otros eufemismos que generalmente no escucharemos en los panegíricos: estirar la pata, irse al garete, criar malvas, irse al agujero, palmarla.

Debemos evitar los eufemismos que no son más que expresiones suavizadas para sustituir las realidades desagradables. Del mismo modo, debemos evitar los circunloquios, que es el uso de muchas palabras con la intención de ser imprecisos o evasivos. «Tu madre era demasiado buena para este mundo imperfecto».

En las crisis, la gente no quiere juegos de palabras. Quieren honestidad. Necesitan aceptar la dura realidad para que se les pueda conducir a los auténticos recursos en Dios. Por ejemplo, después de un suicidio puede que intentemos evitar la palabra *suicidio*. Ahí es donde andamos por la cuerda floja: para los padres de un adolescente que se ha suicidado, la simple idea les horroriza, pero Dios ha hecho la psique humana capaz de protegerse a sí misma temporalmente por medio del letargo o incluso la negación. Para superar la tormenta, sin embargo, los padres tendrán que ponerle nombre. Y el modo en que serán capaces de hacerlo es cuando la gente compasiva a su alrededor los sustente y proteja de la culpabilidad, la vergüenza y la ira para que la espantosa realidad de la situación pueda ser llamada por su nombre.

Si un líder necesita despedir a un empleado, debe hacerlo con honestidad para proteger su integridad, la de la organización e incluso la de la pobre persona a la que se echa. Llámalo por su nombre. Si es recortes de personal, llámalo recortes de personal. Si es pérdida de confianza, nombra lo que ha ido mal. Si es reorganización, dilo.

Como cristianos, a veces pensamos que proteger la verdad es un acto de misericordia. Debemos recordar que Jesucristo vino y él estaba «lleno de gracia y de verdad». No es gracia en lugar de verdad, sino gracia con verdad.

Cuando hablamos con sinceridad en una crisis, ayudamos a la gente a prepararse para la siguiente crisis. Ayudamos a los demás (y a nosotros mismos) a aceptar la realidad. Bajamos la cabeza de las nubes y ponemos nuestros pies directamente sobre el suelo. Estamos nombrando y reconociendo lo anormal.

Hablar con cuidado

El carácter cristiano precisa que seamos discretos con las palabras que usemos (Pr 18.13). La discreción es la cualidad de tener cuidado de tal modo que no ofendamos innecesariamente. Los líderes que utilizan la discreción son como cirujanos que entran en una operación con ese valor primordial del antiguo juramento hipocrático: «Primero: no dañar».

Algunos líderes se hacen notar en el mundo porque hablan con un lenguaje furioso y provocativo. Hacen mucho ruido y lo siguen haciendo porque eso siempre capta la atención. Se abren camino en las crisis alborotando. Puede que incluso salgan en las noticias de la noche. El líder indiscreto puede que incluso quiera ofender. Siempre está buscando el efecto. Una de dos: o es demasiado vago para vigilar sus palabras, o es demasiado torpe en el uso de las palabras en primer lugar. Algunas personas simplemente no deberían abrir la boca.

Hablar en medio de una crisis es un extraordinario privilegio y una enorme responsabilidad. Cuando los corazones están desgajados, existe una ventana de oportunidad para que las palabras adecuadas planten verdades profundas porque —en ese fugaz instante cuando la gente está herida por la crisis— ellos están buscando algo o alguien más allá. Algo definitivo. Algo que salve. Pero esa ventana se cierra muy rápido. El funeral se acaba y veinticuatro horas después todo el mundo está de vuelta al trabajo. El World Trade Center se derrumba y millones de personas se encuentran horrorizadas, la asistencia a las iglesias sube durante dos semanas, quizá tres o cuatro. Pero la vida sigue. Nuestra capacidad de atención es muy corta.

Pero subconscientemente la gente tendrá una memoria espiritual de los momentos de crisis personal, familiar o nacional. Esos momentos realmente no se olvidan. Cuando la gente recuerda esas crisis, y también les viene a la memoria esa palabra sabia, veraz y llena de gracia que dijo el líder en medio de todo, entonces sabrán que pueden superar la siguiente crisis.

Cuando golpea un huracán

Todos sabían que venía. Los satélites fueron tomando instantáneas hora tras hora de la monstruosa espiral sobre el golfo de México. Se alimentaba de la energía de las corrientes cálidas, crecía y se intensificaba. Se dirigía a la costa. Las mejores mentes científicas trataron de estimar la subida de las aguas y los vientos del huracán Katrina —y dónde tomaría tierra. Cuando los diques se rompieron, la ciudad se rompió.

Lo que pasó a continuación fue una apabullante serie de errores de cálculo de los líderes. El gobierno municipal de Nueva Orleans no estaba preparado. El gobierno estatal de Luisiana esperó demasiado del gobierno local. El gobierno federal supuso que había tiempo tras el desastre para resolver lo que hacer. Fueron problemas de falta de comunicación. A alguien se le ocurrió la ridícula idea de llevar a los refugiados a cobijarse en el estadio de fútbol, lo que dio como resultado que veinticinco mil personas fueron abandonadas durante días sin comida, agua, ni asistencia médica. Y luego el lado oscuro de la naturaleza humana sacó partido del vacío de poder con saqueos, tiroteos y caos aleatorio. Los líderes gubernamentales utilizaron los micrófonos para la retórica, y para echarse las culpas unos a otros después.

Mientras este desastre natural destrozaba las frágiles estructuras del gobierno, un singular movimiento de salvadores individuales comenzó. No lo vimos en las cámaras de televisión inmediatamente, pero cientos de iglesias de la región entraron en acción. Igual que la música jazz que es el alma de Nueva Orleans, las iglesias y pequeñas organizaciones improvisaron, haciendo lo que podían según iban cambiando las circunstancias hora tras hora. Y fue impresionante cuánto pudieron hacer. Mucho antes de que el gobierno estableciera alojamientos temporales, los grupos cristianos alojaron a los refugiados. Se distribuyó comida... comida casera cocinada en los sótanos de las iglesias.

El pastor Dino Rizzo de la iglesia Healing Place Church de Baton Rouge ya llevaba trabajando varios días movilizando a los miembros de su congregación para una asistencia médica de emergencia. Pidió suficiente comida para unas siete u ocho mil personas, descolgó el teléfono y mandó correos electrónicos consiguiendo a cientos de voluntarios dispuestos, y animó a otras congregaciones a ponerse manos a la obra. Una pequeña red de gente con la misma mente y corazón estaba preparada: más grande que una iglesia, más pequeña que una agencia gubernamental. Más de un millón de evacuados huyeron de la ciudad al paso de los fuertes vientos, los 250 litros de lluvia por metro cuadrado y los cuatro metros de agua. Cooking for Christ [Cocinando para Cristo], el ministerio de comida de la iglesia, elaboró cientos de comidas para las personas que paraban en el aparcamiento de la iglesia. Los voluntarios caminaban por la autopista atascada repartiendo comida a los motoristas varados.

En tres días, Rizzo y los demás habían conseguido movilizar a más de cuatrocientas iglesias. Su perspectiva: es impresionante lo que puede ocurrir cuando nadie se lleva el mérito. Las herramientas eran básicas: comida, ropa, sierras de cadena, equipamiento médico, generadores. La motivación era simple: los seguidores de Cristo no pueden ser holgazanes en la misma faz del sufrimiento. La respuesta fue rápida.

Estar preparado

Responder a las crisis es una de las mayores oportunidades para la auténtica y efectiva influencia espiritual. Mucha gente está lista para rendirse mientras busca la verdad espiritual y la integridad. Hace tiempo que dejaron de sintonizar con la retórica religiosa, y se preguntan si la gente con valores seculares se preocupa más por la vida real que aquellos con valores espirituales. Pero ahí se encuentra la oportunidad: cuando los creyentes se ven a sí mismos como los primeros que responden a la crisis, y asignan sus recursos y energías en esa dirección, serán utilizados por Dios de un modo decisivo. Y la respuesta ha de ser sincera, no solo porque eso quede bien para las relaciones públicas, o con la idea de que sus actos de misericordia son el método de demostrar el evangelio.

Hay una manera mejor, y más sencilla. Prepárate... para cualquier cosa. No veas las crisis como interrupciones del trabajo: son el trabajo. Moviliza a la gente. Anímalos a actuar con compasión.

Las crisis centran nuestra atención y nos obligan a apartar a un lado todo lo que sea marginal en la vida. Si los líderes ven las crisis como interrupciones del trabajo que están tratando de hacer, entonces se perderán el trabajo más importante que puede hacerse. Ya sea el escenario una iglesia, un negocio, una escuela o una organización no gubernamental, una crisis inesperada es una oportunidad de atender el espíritu de aquellos que pertenecen a la comunidad. Si los líderes practican una cultura de servicio y generosidad, cuando la crisis llegue la gente estará preparada para moverse.

Y más importante aún, en nuestros mejores momentos de influencia espiritual estamos ayudándonos unos a otros en el duro entrenamiento para lo que nos queda por delante en la vida. Si empezamos a prepararnos para lidiar con la crisis cuando la crisis golpee, será demasiado tarde.

En la primera parte vimos cómo poner las bases de la influencia espiritual. Debemos comprender el llamado, aprender a seguir, comprometernos con Dios y construir la integridad. En la segunda parte hemos analizado la toma de iniciativa: algunos de los pasos de acción de la influencia espiritual. Esto incluye explorar nuevos horizontes, hacer correr las ideas, aprovechar las oportunidades, hacer las cosas bien y hablar en las crisis.

Pero cuando vemos el liderazgo como una dinámica espiritual, lo que quiere decir ser instrumentos de la influencia de Dios en las vidas de la gente y reconocer su naturaleza espiritual, tenemos otra oportunidad y necesidad: profundizar. Ese es el tema que vendrá ahora en la tercera parte. La influencia significa profundizar, tan hondo como podamos, en la naturaleza humana y en la relación dinámica de la gente con su creador. Ahí es donde el flujo sucede. El Espíritu de Dios nos insufla cualidades como la sabiduría, la verdad y el poder, y así después nosotros tenemos algo sustancial que ofrecer a los demás.

Cuando profundizamos encontramos que estamos tratando con tres motores tremendamente poderosos: el poder, la autoridad y la verdad. Lo que encontramos en la historia de la humanidad es que estos tres pueden estar en el corazón del liderazgo bueno y constructivo o pueden ser seductores, retorcidos y ruinosos.

Cuando profundizamos, no sabemos con qué nos vamos a encontrar.

Parte 3

PROFUNDIZANDO

Capítulo 10

DESARROLLAR EL DISCERNIMIENTO

El discernimiento no es solo cuestión de saber la
diferencia entre el bien y el mal; más bien es saber la
diferencia entre el bien y el casi bien.

—Charles Spurgeon

Los detectives y la gente entrenada en el arte del espionaje ven cosas que los demás no ven. Puede que recuerdes una escena de un libro, película o serie de televisión en donde el astuto observador echa un vistazo a una habitación y evalúa a cada persona, recogiendo pistas sobre quién es amigo, quién es una amenaza o qué ha ocurrido en esa habitación. Esa persona ve sutilezas que la gente normal no ve: el modo en que alguien desvía la mirada, la postura que otro toma en una esquina del cuarto, la manera de interactuar entre las personas. Esos afinados poderes de observación son asombrosos, y alguien en la historia teme que el detective o el espía pueda percibir simples señales de propósito y motivación. A menudo en esas historias el protagonista entrena al discípulo en el delicado arte de la observación: ver la realidad a un nivel más profundo.

El discernimiento no solo es útil para los detectives; también es definitivamente importante en el talento y el don espirituales. Ser un observador astuto, capaz de mirar una situación y ver por debajo de la superficie, es indispensable en la tarea de la influencia espiritual. Las Escrituras hablan de dones de discernimiento, conocimiento y sabiduría. Es una visión que profundiza hasta el fondo de las fortalezas y debilidades de las personas, sus valores y motivaciones.

Dicho de otro modo: los líderes sin nada de discernimiento pueden hacer un tremendo daño en un corto espacio de tiempo. Cuando tomamos decisiones sin discernir la verdadera realidad de las cosas, esas decisiones pueden ser una pérdida de tiempo, o lo que es peor, pueden conducir a la gente por senderos peligrosos. Por ejemplo:

- Un grupo de líderes intermedios están sometidos a la noble pero irreal visión de su líder superior. Muchos de ellos han escuchado la retórica antes, porque la pauta de su líder es subir las apuestas utilizando las aspiraciones más extravagantes, aunque en realidad tiene una trayectoria de éxitos a medias. Unos cuantos de los líderes intermedios ven lo que está ocurriendo bajo la superficie. Disciernen la desesperación y la inseguridad de la retórica. La «visión» luce como un objetivo imposible que solo Dios puede conseguir, pero esa no es realmente la dirección que el Espíritu de Dios quiere que tome la organización. Solo es ambición personal desbocada. Sin embargo, nadie se atreve a alzar la voz, y el discernimiento persiste en las mentes de unos pocos observadores y nunca se aplica con honestidad.
- Un líder eclesial recibe una oleada de halagos, casi adulaciones, de un miembro de la congregación. Sienta bien. Sienta como una pomada balsámica aplicada sobre las heridas de relaciones más problemáticas. Pero el líder no ve que el deseo del adulador o la aduladora es pegársele como una lapa. Dos egos se acarician: uno por la dependencia, el otro por el rescate. En cierto momento, sin embargo, la adulación se convierte en resentimiento debido al vacío de la relación, y todo termina en un terrible desastre. El error se podría haber evitado si el líder hubiera tenido el

discernimiento para percibir las razones de la adulación desde el principio.

• Alguien en una dura lucha debido a un conflicto se acerca a la líder para exponer una larga y complicada historia de heridas. La líder escucha durante más de una hora, agita la cabeza, chasquea la lengua y derrama empatía. La persona herida la recompensa con emotiva gratitud. La líder actúa según lo que acaba de conocer, enfrentándose a un líder compañero que es la parte causante del conflicto. Pero semanas más tarde escucha la otra parte de la historia y ahora se muere de la vergüenza por los supuestos generales que hizo. No es la primera vez que ocurre. Ella se pregunta por qué tan a menudo escucha una parte de la historia y le da todo el crédito cuando ha visto muchas veces que siempre hay dos lados. Se da cuenta de que ha sido vaga y temerosa para indagar la verdad. Hizo lo fácil —reaccionar—, cuando tendría que haber hecho lo responsable, discernir.

Una de las mayores responsabilidades de los líderes es guiar a la gente a una comprensión más clara de la realidad. Ver las cosas del modo en que realmente son. Ver los defectos y fracasos como lo que son, y esperanzas y horizontes que sean asimismo realistas. Los líderes solo pueden hacerlo en el grado en que ellos mismos distingan las versiones verdaderas y falsas de la realidad. Esta es la habilidad y el don del discernimiento: una clara percepción y un penetrante entendimiento que lideran hacia el buen juicio.

¡Cuánto necesitamos todos hoy un liderazgo incisivo! *Incisivo* es una gran palabra, cuya raíz significa «cortar» o «penetrar» (del latín *incidere*: cortar). Esa es exactamente la idea de la palabra del Nuevo Testamento para discernimiento (del griego *diakrina*), que significa separación o distinción. El líder que discierne enfoca los desafíos y las oportunidades con un escalpelo mental y espiritual. Ser exigente sin ser discriminatorio. Juzgar sin ser inquisidor. Separar sin romper.

El discernimiento es un trabajo delicado.

El líder que discierne mira una situación sin precipitarse a juzgar, sino siempre suficientemente atrevido como para finalmente hacer un juicio separando la realidad de la percepción. Los buenos líderes saben que la percepción importa y saben tratar con ella, pero lo que realmente importa es la verdad: la realidad. Podemos sentirnos tentados a pensar en la vida espiritual como algo bastante subjetivo, especialmente tras el axioma dado hoy en día de que hay muchas «verdades» (e incluso «verdades» aparentemente contradictorias) en una situación cualquiera. Pero un cirujano en la sala de operaciones tiene que cortar exactamente el tejido correcto, un piloto que navega por un valle tiene que discernir exactamente el terreno, y un ingeniero necesita decidir con exactitud el material adecuado para construir un rascacielos estable. Si el discernimiento incisivo es necesario en las cuestiones físicas, cuánto más en las espirituales. Nadie se beneficia cuando hablamos a un mundo que no existe.

Aunque se cometerán errores, nunca deberían suceder porque fuimos demasiado rápidos o demasiado vagos para escudriñar, explorar, comprobar, sopesar, consultar y orar sobre el trabajo del discernimiento.

Un verdadero don espiritual

A veces el discernimiento es un juicio rápido e instintivo, otras es un proceso complejo, refinado y difícil. El discernimiento es un auténtico don espiritual. Un líder debe tratar de enfocar las situaciones sin parcialidad ni prejuicios, incluso aunque su identidad y su ego con frecuencia se enreden en desafíos de liderazgo. Discernimiento significa mirar en lo profundo de los asuntos importantes, tan profundo como el propio espíritu humano. Hebreos 4.12 describe el borde afilado del discernimiento: «Porque la palabra de Dios es viva y eficaz, y más cortante que toda espada de dos filos; y penetra hasta partir el alma y el espíritu, las coyunturas y los tuétanos, y discierne los pensamientos y las intenciones del corazón».

Ahora bien, cuando la gente pone en práctica el juicio sobre nuestras actitudes, pensamientos o comportamientos, a menudo nos echamos atrás: una reacción bastante natural. Luego nos preguntamos si la persona que nos está evaluando tiene el derecho a confrontarnos.

Terminamos discerniendo al que discierne. En algunas ocasiones, la confrontación es adecuada porque es el trabajo designado del confrontador (como en el caso de un supervisor, por ejemplo). O el Espíritu de Dios ha impulsado esa confrontación. Otras veces, los críticos no están siendo sensatos, sino solo criticones.

Así pues, ¿qué hacemos cuando alguien nos confronta y sabemos inmediatamente que esa persona tiene razón? Nuestra capacidad para recibir la confrontación dependerá de si lo vemos como parte de la verdad de Dios o solo como un intercambio entre dos personas. Esa es la razón por la que el discernimiento es un movimiento claramente espiritual. Si vamos a ser evaluados, corregidos o alentados, queremos que sea Dios el que influencia, no solo otro ser humano. La Palabra de Dios es más cortante que una espada... no nosotros.

La lista de los dones espirituales de 1 Corintios 12 incluye «discernimiento de espíritus» (v. 10), lo que significa que los líderes cristianos necesitan distinguir lo que diferencia una intención buena de una mala. Con la misma idea, 1 Juan 4.1 nos instruye: «...probad los espíritus si son de Dios; porque muchos falsos profetas han salido por el mundo». Hebreos 5.14 habla de los creyentes maduros «que por el uso tienen los sentidos ejercitados en el discernimiento del bien y del mal». Estos pasajes señalan que estaremos expuestos a muchas cosas peores que simples «malas influencias». Algunos de los líderes más poderosos de la historia del mundo han sido malvados y falsos. Multitudes los han seguido, marchando al redoble de un tambor de efectos casi hipnóticos. Todos sabemos que los influyentes malvados, en el nombre de Dios o de la religión, han inspirado el robo y la corrupción, el asesinato y el suicidio. Estas historias puede que nos resulten lejanas. Pero el próximo líder de culto está tan cerca de nosotros como la mentira escondida. El mal no necesita nada más que gente normal que apague su discernimiento debido al atractivo de promesas suntuosas.

Pablo promete que el Espíritu de Dios nos dará la mente de Cristo, y después tendremos capacidad para un auténtico discernimiento espiritual. «Pero el hombre natural no percibe las cosas que son del Espíritu de Dios, porque para él son locura, y no las puede entender, porque se han de discernir espiritualmente. En cambio el espiritual juzga todas las cosas; pero él no es juzgado de nadie. Porque ¿quién conoció la mente del Señor? ¿Quién le instruirá? Mas nosotros tenemos la mente de Cristo» (1 Co 2.14–16). Esta es una gran descripción de la influencia espiritual. Cuando el Espíritu «fluye», nuestros corazones y mentes se reforman completamente hasta el punto de que conseguimos la capacidad de ver con más exactitud y a un nivel más profundo. Vemos cosas que la mente natural no percibe. Esta «influencia» es profunda, intensa y duradera. Y se convierte en la base de nuestra influencia sobre los demás.

Una de las decisiones más importantes que cualquiera de nosotros toma, una donde el discernimiento puede representar la diferencia entre la prosperidad y la ruina, es si nosotros nos atreveremos a ser influenciados por otra persona: una pregunta a la que nos enfrentaremos en diferentes situaciones.

- ¿Puedo confiar en que mi jefa sepa lo que está haciendo?
- ¿Qué libro puede darme una respuesta autorizada a mi pregunta?
- ¿Por qué tengo estos sentimientos encontrados cuando escucho a este predicador?
- ¿Debo votar al candidato A o al B?
- ¿Debo tomar este trabajo aunque esté recibiendo señales contradictorias sobre si me quieren?
- ¿Es de fiar la teología de este bloguero?
- Este grupo me dice que hay un problema sistémico en nuestra organización: ¿tienen razón o están descontentos con quiénes se han encontrado?

El discernimiento es una especie de visión penetrante que nos ayuda a ver a través del polvo y la niebla de la vida para ver las cosas del modo en que realmente son, y para tomar decisiones conscientes acerca de las personas que queremos que nos influyan. Discernimiento es percepción, perspicacia y un juicio correcto acerca de la gente que quiere influenciarnos. Tenemos que discernir, y después reconocer que otra gente estará haciendo lo mismo con nosotros: evaluarnos, buscando coherencia, probando la motivación.

Así que digamos que tienes que decidir si dejas que alguien te aconseje y te asesore sobre lo que haces. ¿A qué se parece el discernimiento en una situación donde la opinión de otra persona puede tener un impacto capital sobre el modo en que haces las cosas? Sin discernimiento tendrás que tomar esa decisión basándote en factores como estos: ¿es esa persona popular entre los demás? ¿Hará mi vida más fácil esta consulta? ¿El consejo de esta persona me liberará de tomar las duras decisiones a las que me enfrento? Ejercitar el discernimiento en decisiones como esta, sin embargo, nos conducirá a mirar con más profundidad antes de confiar en un consultor o consejero externo, al hacer preguntas como: ¿cuáles son los valores de esta persona, y son compatibles con los míos? ¿Ha tenido esta persona un impacto beneficioso sobre los demás en una situación similar? ¿Entiendo los motivos de esta persona? ¿Le importa lo suficiente a esta persona trabajar duro para comprender mi situación?

El discernimiento hoy

La gente de influencia de hoy en día es capaz de salirse con la suya con acciones que tienen poca integridad y nada de discernimiento debido a la distancia cada vez mayor entre ellos y la gente a la que lideran. En la época de las plataformas virtuales, donde hay poca responsabilidad personal, los influyentes a menudo son figuras bidimensionales cuyos valores profundos y motivaciones están borrosos. Las pantallas de televisión se aplanan; Internet ofrece una pantalla detrás de la cual el Mago de Oz aprieta botones y empuja palancas. Los focos de la conferencia iluminan el cuerpo, pero no la vida. El gran tamaño de algunas organizaciones escuda a sus líderes de una evaluación real por su electorado.

Y luego están las motivaciones motrices de nuestra cultura competitiva. El aplauso llega cuando alguien consigue resultados, estén o no fundamentados en el discernimiento. Nos sentimos satisfechos con la imagen, cuando deberíamos insistir en la transformación. Los micrófonos añaden una falsa resonancia a las voces de los influyentes, cuya mayor habilidad es simplemente saber saltar al escenario.

Pero hay esperanza. Todas las herramientas y técnicas del mundo actual, aunque pueden utilizarse para confundir, oscurecer, empañar, escudar, engañar y manipular, también son medios poderosos de un ministerio de discernimiento para las masas. Hoy nuestras herramientas de comunicación nos dan acceso a miles de perspectivas: solo necesitamos usar el discernimiento para encontrarlas.

Y hoy existe otra importante cuestión: el enjuiciamiento.

Es una cuestión trascendental para muchos, especialmente los jóvenes adultos. Muchos perciben la fe cristiana como un ejercicio de prejuicio, partidismo e intolerancia. Esto es trágico cuando es verdad, y trágico cuando se trata de mera percepción. Las Escrituras nos dejan con dos principios desafiantes: los líderes deben ejercitar la crítica (i.e., discernimiento), y sin embargo no debemos juzgar. ¿Pero qué línea los separa?

Está justo ahí, en el Sermón del Monte: «No juzguéis, para que no seáis juzgados. Porque con el juicio con que juzgáis, seréis juzgados, y con la medida con que medís, os será medido» (Mt 7.1–2). Y después viene la famosa confrontación de Jesús: ¿cómo te atreves a señalar la mota del ojo ajeno cuando tú tienes una viga sobresaliendo del tuyo?

Por otro lado, a los creyentes se les anima a emitir juicios; un camino mucho mejor, por ejemplo, que entrar en conflicto en las cortes civiles: «¿O no sabéis que los santos han de juzgar al mundo? Y si el mundo ha de ser juzgado por vosotros, ¿sois indignos de juzgar cosas muy pequeñas? ¿O no sabéis que hemos de juzgar a los ángeles? ¿Cuánto más las cosas de esta vida?» (1 Co 6.2–3).

Así que hay una delgada línea sobre la que debemos caminar: criticar pero sin juzgar. Romanos 14 nos ayuda a comprender la diferencia. El juicio ha cruzado la línea cuando condena a la gente por cuestiones que no son trasgresiones (el tema de este pasaje es cuestión de devoción), y ha ido demasiado lejos cuando suplanta el papel de Dios como árbitro final.

Pero tú, ¿por qué juzgas a tu hermano? O tú también, ¿por qué menosprecias a tu hermano? Porque todos compareceremos ante el tribunal de Cristo. Porque escrito está:

Vivo yo, dice el Señor, que ante mí se doblará toda rodilla,
y toda lengua confesará a Dios.

De manera que cada uno de nosotros dará a Dios cuenta de sí. Así
que, ya no nos juzguemos más los unos a los otros, sino más bien
decidid no poner tropiezo u ocasión de caer al hermano.

—Romanos 14.10–13

Así pues, discernimiento, pero no juicio.

¿Existen cosas que podemos hacer para aumentar la habilidad del discernimiento? En una carta muy personal escrita desde la prisión, el apóstol Pablo muestra cómo deseaba que sus amigos crecieran en discernimiento. «Y esto pido en oración, que vuestro amor abunde aun más y más en ciencia y en todo conocimiento, para que aprobéis lo mejor, a fin de que seáis sinceros e irreprensibles para el día de Cristo» (Fil 1.9–10).

He aquí algunas claves acerca de cómo podemos aumentar la habilidad para discernir, que no nos llega de la nada. Necesitamos acumular abundancia de conocimiento, ser aprendices perpetuos de la vida y el liderazgo. El conocimiento no nos hará discernir automáticamente, pero es imposible tener discernimiento si nuestra base de conocimiento es reducida.

Una «visión profunda» también es un recurso acumulativo. Si mantenemos un diálogo continuo con otros líderes, escuchando la perspectiva que han acumulado en su experiencia, adiestraremos nuestra visión. Algunos se sienten satisfechos con una comprensión superficial de la vida; la gente que hace el esfuerzo de profundizar y acumular perspectivas refinadas es tan valiosa como el oro.

Y nuestras habilidades en el discernimiento crecerán con el tiempo si valoramos —y perseguimos— ese tesoro otorgado por Dios del que las Escrituras hablan con tanta frecuencia: la sabiduría.

Capítulo 11

PERSEGUIR LA SABIDURÍA

No es hasta que nos hemos vuelto humildes y ense-
ñables, permaneciendo en temor reverencial ante la
santidad y la soberanía de Dios, reconociendo nuestra
pequeñez, desconfiando de nuestros propios pensamientos y deseando tener nuestras mentes al revés, que
la sabiduría divina se vuelve nuestra.

—*J. I. Packer*

Ya has terminado el trabajo por hoy, lo que incluía una difícil reunión acerca de un problema espinoso. La discusión no ha hecho
más que dar vueltas sobre lo mismo. La gente se ha frustrado. Pero
cuando te llegó el turno de hablar, te sentiste como si Dios te ayu-
dase a ser más listo de lo que eres. Cuando te expresabas, la gente
te prestaba mucha atención, algunos asentían con la cabeza. Viste
el problema desde un ángulo diferente, y ofreciste una solución que
era el eco de la verdad. Al final alguien te dijo: «¿Dónde conseguiste
esa especie de sabiduría?». Regresaste a casa pensando: «Este *sí* que
fue un buen día».

El lugar, azotado por el viento, estaba muy por encima de la llanura y separado de la recientemente establecida Ciudad de David, a once kilómetros de distancia. Gabaón fue lugar de adoración en los primeros días de los reyes de Israel, y el Arca de la Alianza, el símbolo ambulante del Dios itinerante, originalmente construida por Moisés cientos de años atrás, estaba allí asentada. Salomón había ido a Gabaón a ofrecer sacrificios. Por fin estaba tomando forma un reino considerable y estaba listo para pasar a la siguiente generación después de David. Se habían reunido representantes de todas las tribus y clanes, el ejército y los jueces. Era un momento fundamental de la historia.

En mitad de la noche Dios se le apareció a Salomón en Gabaón, diciendo: «Pide lo que quieras que yo te dé» (1 R 3.5; 2 Cr 1.7).

Esta oferta debía parecer demasiado buena para ser verdad. «¿Lo que sea?».

¿Qué podría querer un líder recién estrenado con el fin de hacer que la responsabilidad que tenía sobre sus hombros fuera posible de llevar a cabo? ¿Un gran tesoro? ¿El mayor ejército del mundo? ¿La sumisión de todos los reyes de los alrededores?

Pero Salomón quería algo completamente diferente. «Dame ahora sabiduría y ciencia, para presentarme delante de este pueblo; porque ¿quién podrá gobernar a este tu pueblo tan grande?» (2 Cr 1.10). Escuchamos cierto grado de inquietud y súplica en estas palabras. Salomón conocía la historia de Israel, conocía la imposibilidad de liderar a cientos de miles de personas no solo como un país estable y próspero, sino como pueblo de Dios. El liderazgo es difícil; el liderazgo espiritual solo lo hace todo más complicado.

Ya sabes el resto de la historia. Dios reconoce que puesto que Salomón no pidió riquezas, prestigio, una larga vida o la muerte de sus enemigos, recibiría ciertamente sabiduría y conocimiento. Y la prosperidad material vino como consecuencia de ello.

A menudo escuchamos historias de héroes que obtienen sabiduría de algún viejo maestro marchito que los equipa para la búsqueda a la que han sido llamados. En la Escritura, Dios toma el lugar del maestro. La sabiduría no proviene de un mentor, sino del Creador.

La sabiduría de Salomón es un don divino; José obtuvo sabiduría de Dios, no del Faraón. En la historia de Daniel ocurre lo mismo. El recién convertido Pablo se adentra en un periodo de años de preparación en Arabia en donde recibe cierta clase de revelación directa. La información se puede poner en un libro. La sabiduría es algo más grande. Tiene nombre. Y voz. Proverbios 8 comienza así:

¿No clama la sabiduría,
    Y da su voz la inteligencia?
En las alturas junto al camino,
    A las encrucijadas de las veredas se para;
En el lugar de las puertas, a la entrada de la ciudad,
    A la entrada de las puertas da voces:
Oh hombres, a vosotros clamo;
    Dirijo mi voz a los hijos de los hombres.
Entended, oh simples, discreción;
    Y vosotros, necios, entrad en cordura.
Oíd, porque hablaré cosas excelentes,
    Y abriré mis labios para cosas rectas.
Porque mi boca hablará verdad,
    Y la impiedad abominan mis labios.
Justas son todas las razones de mi boca;
    No hay en ellas cosa perversa ni torcida.
Todas ellas son rectas al que entiende,
    Y razonables a los que han hallado sabiduría.
Recibid mi enseñanza, y no plata;
    Y ciencia antes que el oro escogido.
Porque mejor es la sabiduría que las piedras preciosas;
    Y todo cuanto se puede desear, no es de compararse con ella.

De acuerdo con el libro de Proverbios, la sabiduría es más que esencial: es una cuestión de vida o muerte. La alternativa a la sabiduría es la vida del necio. Y Proverbios es específico acerca de los matices de la necedad. Primero está la persona ingenua, a la que se lleva (engaña) fácilmente, es crédula, o simple. Esta clase de necedad conduce a la irresponsabilidad y a la complacencia, y es un riesgo real que deriva en peligro. La segunda clase de necio en Proverbios es la persona que elige no escuchar, que desdeña la sabiduría, que es irrespetuosa con la autoridad e impaciente con el consejo. Esta actitud inevitablemente conduce a la locura. Y la tercera clase de necio es el burlón, el que se mofa de lo bueno. Esta clase de necedad va más allá de la despreocupación; resulta ser una influencia activamente destructiva. Piensa en todas las decisiones de liderazgo realmente malas que has presenciado, y es probable que te encuentres con que muchas de ellas provienen de la simple necedad. Y lo alarmante es que la sociedad ofrece muy pocos incentivos para romper los patrones de estupidez. La sabiduría se ha vuelto opcional.

Proverbios 18.4 dice: «Arroyo que rebosa es la fuente de la sabiduría». La sabiduría proviene de una fuente escondida e inagotable; es continua, abundante y fluye. La influencia espiritual trae el flujo de la sabiduría divina y su visión. La sabiduría fluye hacia nosotros desde Dios, y luego puede y debe fluir desde nosotros hacia la gente a la que se supone que influimos.

La influencia nos llega de un lugar escondido. Es «sabiduría de Dios en misterio, la sabiduría oculta, la cual Dios predestinó antes de los siglos para nuestra gloria» (1 Co 2.7).

La sabiduría está en el centro de la influencia espiritual

Algunos líderes están especialmente dotados para la administración, otros para la enseñanza, otros para el pensamiento estratégico, y así sucesivamente. Pero una característica que debería ser cierta en todo el mundo que desee ser una influencia espiritual es crecer en sabiduría.

Cuando el apóstol Pablo llegó a Grecia se introdujo en una cultura supuestamente basada en una sabiduría sofisticada. Filosofía («amor por la sabiduría») era la base de la sociedad griega. Pero Pablo les recordó a los creyente de Corinto: «Así que, hermanos, cuando fui a vosotros para anunciaros el testimonio de Dios, no fui con excelencia de palabras o de sabiduría» (1 Co 2.1). Pablo era un hombre brillante y educado que podía haber usado la filosofía, pero en vez de eso tomó una actitud diferente. «Pues me propuse no saber entre vosotros cosa alguna sino a Jesucristo, y a éste crucificado» (1 Co 2.2). Conectado con la historia, centrado en un gran acto de redención, el hecho de Jesús era el mensaje.

En Jesús, la sabiduría primordial de Dios el Padre está centrada y fluye hacia los seres humanos por el Espíritu de Dios. Padre, Hijo y Espíritu nos traen una sabiduría que es «secreta» (i.e., misteriosa) y que permanece en un contraste absoluto con la «sabiduría, no de este siglo, ni de los príncipes de este siglo, que perecen» (1 Co 2.6).

Y por eso Pablo dice: «Lo cual también hablamos, no con palabras enseñadas por sabiduría humana, sino con las que enseña el Espíritu, acomodando lo espiritual a lo espiritual» (1 Co 2.13).

Cuando Dios nos utiliza como instrumentos de su influencia en la vida de los demás, nos damos cuenta de cómo de inadecuadas son las herramientas y técnicas del liderazgo genérico: no necesariamente inválidas, sino incompletas. Comenzamos a buscar los resultados que Dios quiere en cada desafío de liderazgo que enfrentamos. Comprendemos cuánto desconocemos sin la revelación de Dios. Apreciamos la impresionante sabiduría de los líderes respetados que consiguieron grandes cosas no solo para el siguiente informe trimestral, sino para la eternidad.

La sabiduría del cielo

En su epístola, Santiago centra la atención en «la sabiduría de lo alto». Él la contrasta con la «sabiduría terrenal», que está tan desencaminada que conduce a «celos y contención», «perturbación» y «toda obra perversa» (Stg 3.16).

Después, en una declaración definida, Santiago identifica siete características de esta sabiduría que proviene de una fuente más grande que nosotros mismos. Esto podría servir como unos estatutos para cualquiera que se comprometa a basar su influencia en la sabiduría. Aquí está, breve pero contundente: «Pero la sabiduría que es de lo alto es primeramente pura, después pacífica, amable, benigna, llena de misericordia y de buenos frutos, sin incertidumbre ni hipocresía» (Stg 3.17). Como el libro de Proverbios en el Antiguo Testamento, Santiago ofrece preceptos para una vida formada por la sabiduría divina. No es teoría y sin duda tampoco conocimiento esotérico: es práctico en todos los sentidos. Y es la sustancia de la influencia espiritual.

Así que Santiago 3.17 comienza diciendo que la sabiduría de lo alto es «pura». Aquellos que consideramos que son sabios de forma extraordinaria es probable que sean personas relativamente libres de motivos confusos, que no se conducen por la ambición personal y que tienen una actitud generosa y estable. Ese es el significado de pureza, y eso es lo que hace que alguna gente abra los conductos de la sabiduría de Dios. No meten la pata consigo mismos. Te miran a los ojos y te ven por lo que eres y no por quien ellos quieren que seas. (Aplicación: el liderazgo que es puro tiene claridad moral y ética.)

Santiago 3.17 dice pues que esta sabiduría espiritual es «pacífica». La gente sabia se conduce por un deseo y una creencia en la reconciliación. Saben lo que ocurre cuando alguien encuentra la paz con Dios. Hacen lo que sea para juntar a la gente, para promover el perdón y la longanimidad. Su sabiduría les aleja de la paz superficial porque saben que lo único digno de ser perseguido es la paz que «sobrepasa todo entendimiento» (Fil 4.7). (Aplicación: el liderazgo pacífico unirá a la gente en vez de dividir y pelear.)

Después, la sabiduría de lo alto es amable. No se trata de mera cortesía. La amabilidad con la gente es una característica central de Dios en el Antiguo Testamento: él es el rey que cuida de su gente al mismo tiempo que les gobierna. (Aplicación: el liderazgo amable siempre es humano... como Dios.)

Esta sabiduría también es «benigna». No se trata de debilidad, sino de buena voluntad para ceder. Es la actitud enseñable, el espíritu cooperativo, lo opuesto a la confianza obstinada en uno mismo. (Aplicación: el liderazgo benigno siempre está mejorando porque está abierto a aprender y a cambiar.)

«Llena de misericordia y de buenos frutos» es la siguiente descripción de Santiago 3.17. La sabiduría no es pasiva. Impulsa a la gente a la

acción, pero no a cualquiera. La sabiduría nos da una visión para ver las verdaderas necesidades humanas y ayudar a aquellos que lo necesiten con actos prácticos de misericordia. (Aplicación: el liderazgo lleno de misericordia y de buenos frutos es un regalo para la humanidad.) *La sabiduría que viene de Dios no tiene «incertidumbre».* En un mundo donde la gente sale adelante mediante el privilegio, el estatus y los contactos, la sabiduría rechaza los juegos y renuncia al favoritismo. El carácter no egoísta de la sabiduría elimina toda la incertidumbre (Aplicación: el liderazgo ejercido con sabiduría eleva a todo el mundo por encima del lado sórdido de la manipulación humana.)

Y finalmente, la «sabiduría de lo alto» no es «hipócrita». La palabra *hipócrita* significa «actor». Y hoy en día los actores tienen más de un teatro en el que representar su espectáculo. La pantalla de la televisión, las redes sociales y las cubiertas de los libros de tapa dura son escenarios ya fabricados. Y lo que se representa en esos escenarios puede ser sincero o completamente falso. (Aplicación: el liderazgo sincero es manifiestamente honesto y, por lo tanto, capaz de engendrar confianza y, en última instancia, conseguir propósitos más altos.)

Entonces, ¿qué es la sabiduría? Es tanto un don especial de Dios como una habilidad personal que se desarrolla con el tiempo, es una profunda mirada a la verdadera naturaleza de las cosas, incluyendo su valor moral, y la integridad para actuar sobre esa visión. La sabiduría no es diferente del conocimiento, pero es algo más: como la diferencia entre saber cosas acerca de tu cónyuge y *conocer* a tu cónyuge.

Cuando los líderes ansían sabiduría, quieren que sus decisiones sean buenas moralmente, no solo mensurablemente productivas. Quieren desenmarañar los problemas con los que otros se han dado por vencidos. No les importa vadear situaciones aparentemente irresolubles porque entienden que alguien tiene que empezar a deshacer los nudos a los que todos se quedan mirando.

Los líderes sabios engendran confianza de forma natural porque hacen correr la sabiduría. No son egoístas, porque les repulsa visceralmente la arrogancia. También son lo suficientemente valientes para aceptar ser retados en sus propios momentos de estupidez. Solo los tontos no se sienten nunca tontos.

Un líder sabio

Eugene Peterson es uno de líderes cristianos más queridos de la actualidad. Sus escritos, incluyendo la traducción de la Biblia llamada *The Message* [El Mensaje], han influido a millones de personas; aunque él evita ser el centro de atención, rara vez ofrece conferencias, prefiriendo la vida real y la interacción de ideas cara a cara con una docena de personas sentadas en una habitación. Durante veintinueve años fue pastor de una iglesia, tratando de hacer fielmente la tarea central del pastoreo: orar, enseñar la Escritura, visitar a los enfermos. Experimentó los altibajos del ministerio, ofreciendo su renuncia cuando no pudo reconciliar las demandas organizativas de la iglesia con sus deberes espirituales básicos hacia la iglesia y su familia, lo que le condujo a un acercamiento más firme al ministerio en vez de al abandono.

Aquella iglesia era presbiteriana, pero él creció en una pequeña iglesia pentecostal de la Montana rural, donde aprehendió la verdad bíblica junto con unas cuantas aberraciones espirituales. Al mismo tiempo que se convertía en un serio estudioso de la Biblia, tenía también en sintonía sus sentidos con el robusto mundo de la naturaleza en el gran espacio de Montana. A lo largo de su vida ha mantenido un temor reverencial del Creador porque decidió ser plenamente consciente de la creación. El modo en que él ve la vida y el Génesis, el alumbramiento y la enfermedad, el trabajo y el descanso, todos provienen de esta sabiduría posible gracias a una completa atención a toda la vida. Peterson insiste en que estemos sensibilizados con las vidas reales de la gente con la que trabajamos, ya sean banqueros, granjeros, científicos, estudiantes o jubilados. Les atendemos no porque sean clientes, sino porque han sido creados.

Estudió la Biblia en hebreo y griego, satisfecho con enseñar en una clase de escuela dominical a tres personas, y capaz de traducir metódicamente el Antiguo y el Nuevo Testamento enteros. Se toma la Escritura muy seriamente. No es que refuerce posiciones teológicas preconcebidas, sino que crea una alegre y nueva interacción con el lector. Él ve la viveza de la verdad. Se siente impulsado por la vida que la verdad de Dios produce. E insiste en el camino de Jesús. Camino, verdad, vida. Sabemos que es así como Jesús se describe a sí mismo

(Jn 14.6). Pero Peterson insiste que uno no puede tomar la verdad y la vida sin dirigirnos por el camino de Jesús.

Los motivos de Peterson están rotundamente centrados en Dios, lo que hace de él un gran modelo a seguir. Su definición del ministerio es ser completamente conscientes del presente: de lo que Dios está haciendo, de lo que la gente está haciendo y de las conexiones potenciales. Es un aprendiz perpetuo, que escucha lo que Dios está diciendo a través de cualquier medio (él elige a sus mentores con cautela, muchos de ellos han vivido en siglos anteriores). Y está enraizado en la Palabra de Dios. Como resultado, su sabiduría la siguen millones de personas y continuará después de que él haya dejado esta vida.

La sabiduría hoy en día

La influencia y el liderazgo basados en la sabiduría deberían ser la norma. Pero en una época en la que buscamos logros rápidos y ostentosos, la sabiduría no es una cuestión de primera línea. Sabiduría no es una palabra atractiva. Pasión sí. Visión sí. Pero pasión sin sabiduría puede consumir a la gente en vez de avivarles. Y la visión sin sabiduría puede conducirnos a objetivos arbitrarios e irreales, por un camino que acaba en un despeñadero. Por el contrario, la sabiduría conduce a las iniciativas más audaces y a las más firmes convicciones. La sabiduría es cualquier cosa excepto insulsa.

Tenemos esta infeliz metáfora de la sabiduría: un búho posado en alto de un árbol. Inmóvil. Misterioso. Distante. Esa es una triste imagen de la sabiduría. Es mejor pensar en un águila que, desde gran altura, es capaz de examinar los detalles del suelo, lista para actuar en un abrir y cerrar de ojos. La sabiduría no se trata solo de conseguir respuestas, sino de actuar en base a ellas.

¿Cómo podemos asegurarnos de que nuestra influencia está enraizada en la sabiduría?

Primero, debemos ansiar la sabiduría. Dios le dijo a Salomón que le daría cualquier cosa, y en vez de pedir fortuna o poder, Salomón deseó tener sabiduría «para gobernar bien a la gente». Necesitamos preguntarnos si realmente valoramos la sabiduría. ¿Nos desesperamos por la habilidad espiritual para liderar bien? ¿Admiramos la sabiduría allá donde la encontramos? Y cuando nos encontramos con gente realmente sabia ¿tomamos tiempo para averiguar cómo llegaron a ser así?

Segundo, debemos pedir sabiduría. Santiago nos dice: «Y si alguno de vosotros tiene falta de sabiduría, pídala a Dios» (1.5). Los padres, profesores, jefes, empresarios, médicos, pastores y misioneros más inteligentes nunca dan por hecho que han llegado al punto en la vida en que son suficientemente sabios para cualquier contingencia. La sabiduría no puede ser un extra ocasional; debe estar en el mismo centro de cada decisión de liderazgo, sea grande o pequeña. Ningún día debería pasar sin pedirle a Dios sabiduría. Buscar la sabiduría solo a veces es correr el riesgo de hacer una tontería la mayor parte de las veces.

Buscar la sabiduría nos ayuda a dar forma a nuestra vida de oración como líderes. Si solamente oramos por los resultados, estamos cortocircuitando el modo en que Dios quiere ayudarnos a conseguir los mejores resultados. Estamos llamados a orar por sabiduría porque Dios quiere que comprometamos nuestras mentes y corazones en conseguir esos resultados. Y entonces hemos sido entrenados para la siguiente oportunidad. La oración clásica para la influencia espiritual debería ser: «Señor, dame sabiduría».

Tercero, debemos buscar sabiduría. Cuando caminas por el desierto, todo lo que importa es dónde se encuentra la siguiente fuente de agua. Cuando meditamos en las Escrituras y las estudiamos en profundidad, decidimos estar bajo la influencia directa de la sabiduría. Pero cuando leemos la Biblia superficialmente, conseguiremos únicamente una apariencia de espiritualidad que nos permitirá «bautizar» lo que estamos planeando hacer de todos modos. Invertir tiempo en el estudio de las Escrituras es una de las cosas más bondadosas que podemos hacer por la gente a la que influimos. Leer el libro de Proverbios y el de Santiago al menos una vez al año revolucionaría nuestra influencia. Debemos perseguir también la sabiduría que poseen otros creyentes, que se supone que deberían estar ofreciendo de todos modos. El Espíritu Santo derrama la perspicacia espiritual sobre toda clase de creyentes, y nos llama para que aprendamos unos de otros. Así que debemos seguir a la gente que tiene sabiduría: tomar parte con ellos, abrumarlos a preguntas, averiguar cómo comprenden las cosas, rogarles que oren. Y deberíamos leer libros de los sabios del pasado. A veces los muertos pueden ser nuestros mejores amigos.

Perseguir la sabiduría lleva tiempo. Requiere energía mantenerse conectado con otros creyentes sabios. Pero no hay sustitutos y no hay atajos.

Capítulo 12

RECIBIR PODER

Casi todo el mundo puede soportar la adversidad, pero si quieres comprobar el carácter de un hombre, dale poder.

—Abraham Lincoln

Poder, autoridad, verdad. Son palabras arriesgadas, de las que muchos recelan. El nerviosismo no solo viene de los escépticos que son bien conscientes de los muchos ejemplos contemporáneos e históricos en los que la gente ha sido atropellada en nombre de la religión. Las voces cristianas bienintencionadas también advierten de los riesgos inherentes al poder, la autoridad y la verdad. Algunos creyentes cristianos deberían adoptar un enfoque de la influencia sumiso y quietista, porque somos fácilmente corruptibles cuando se nos entrega poder en nuestras manos.

Con todo lo peligrosos que pueden ser el poder, la autoridad y la verdad, sin embargo, están entretejidos directamente dentro de la narrativa bíblica como influencias que nos sostienen, y como modos en que influimos a otros: con gran cuidado.

Cuando lideramos, ejercemos poder, y en la influencia espiritual eso es una redirección del poder de Dios, porque cualquier poder que poseamos es endeble en comparación, al igual que peligroso.

Cuando lideramos, hacemos valer la autoridad; pero la diferencia entre el liderazgo transformacional y el patológico es si simplemente estamos ayudando a la gente a descubrir la autoridad de Dios en sus vidas o si estamos impartiendo nuestra propia autoridad.

Cuando lideramos, declaramos la verdad: aunque en la fe cristiana «verdad» no es la propiedad o la herramienta de una persona, sino una fiel descripción de la realidad para ser compartida, no impuesta.

Estas tres dinámicas están en el nexo entre la influencia divina y la humana. Son el tema de los tres capítulos siguientes, y cada una de ellas determina el éxito o el fracaso de las personas influyentes. Poder, autoridad y verdad son los lugares donde el liderazgo divino y el humano conectan. Sabemos por intuición que son cuestiones fundamentales, y eso está respaldado por lo que dicen las Escrituras.

¿La misma idea de poder, autoridad y verdad espirituales nos protege o nos expone a un mayor riesgo? Puede ser de las dos maneras. Cuando una persona cree que su influencia espiritual está fundada en el poder, la autoridad y la verdad divinos, puede que esté usando una cortina de humo para esconder abusos. Sobre la cuestión de poder: tan destructivo es para los líderes imponer su poder y carisma *personales* como muchas veces que se convenza a las multitudes de que ellos poseen y controlan el poder *divino*. Cuando se trata de la autoridad, podemos pensar en cómo se ha abusado hasta tal punto de ella que ha habido líderes que han dicho (explícita o implícitamente) que cuando ellos hablan es Dios mismo quien está hablando. Y luego está la verdad. Los líderes abusan de la verdad cuando controlan y manipulan a la gente convenciéndoles de que tienen un conocimiento secreto, una comprensión esotérica, que les da a los seguidores un estatus especial y les conduce a una comunidad exclusiva.

Pero cuando creemos que nuestra mejor obediencia al llamado de Dios consiste en dejar que Dios lidere a través de nosotros, entonces nos apartamos a nosotros mismos de la ecuación, aunque esto sea una lucha durante el resto de nuestra vida contra nuestra tendencia a hacer las cosas por nosotros mismos. El nexo entre lo divino y lo humano es lo que hizo posible que un orgulloso fariseo, Saulo de Tarso, se transformase en el apóstol Pablo, que decía que su justicia la tenía por basura (Fil 3.8). Como fariseo era parte de una tradición que reclamaba un entendimiento privilegiado de la verdad de Dios, y con ello, autoridad y poder. Pero su conversión significó renunciar a su propia verdad, autoridad y poder con el fin de abrazar a Jesús y su verdad, autoridad y poder. Poner a un lado su propia autoridad le permitió ver sus limitaciones así como sus fortalezas («de buena gana me gloriaré más bien en mis debilidades, para que repose sobre mí el poder de Cristo» [2 Co 12.9]). Puesto que la autoridad de Cristo, su poder y verdad brillaban a través de Pablo, su influencia fue profunda y duradera.

¿Acaso no queremos nosotros la misma influencia perdurable?

El poder del poder

J. R. R. Tolkien utilizó un pequeño objeto y a una pequeña persona —un anillo y una curiosa criatura conocida como hobbit— como los puntos centrales para su historia épica de lucha de reinos *El señor de los anillos*. La enorme y compleja historia incluye arcos narrativos de guerra, corrupción y redención. Es una historia sobre el poder, su uso y su abuso. Un juego de anillos mágicos fue forjado en tiempos ancestrales, pero la batalla para poseerlos junto con sus propiedades especiales se convierte a su vez en una batalla por el poder. Así que está el poder y el deseo de poseerlo, lo cual es un poder en sí mismo. Quien fuera que entraba en contacto con «el anillo único» se corrompía por él. La historia incluye una batalla entre todas las razas para poseer el anillo y personajes ingenuos que descubren su cautivante poder por error. Algunos de los personajes buenos más poderosos resisten la tentación de poseer el anillo. Gandalf el Sabio le dice al hobbit que quiere salvaguardar el aniño: «No me tienes, Frodo. No me atrevo a tocarlo, ni siquiera para esconderlo. Entiéndelo, Frodo, utilizaría este anillo con ánimo de hacer el bien. Pero conmigo adquiriría un poder demasiado grande y terrible de imaginar». Y cuando el hobbit le ofrece el anillo a la hermosa Galadriel, ella rechaza la oferta, prediciendo: «Tendrás una reina... hermosa y terrible como el amanecer, traicionera como el mar, más fuerte que los fundamentos de la tierra. Todos me amarán y desesperarán».

Así es la historia del poder. «El poder corrompe; el poder absoluto corrompe absolutamente», como dijo Lord Acton en 1887.

El poder es tremendamente complicado, porque ser una influencia (o ser un instrumento para la influencia de Dios) significa ejercitar poder a cierto nivel. Un liderazgo sin escrúpulos trata casi siempre de poder: ganarlo, conservarlo, usarlo. La influencia espiritual, por otro lado, significa tomar una posición sin poder para recibir y transmitir el poder de Dios.

El mundo ha cambiado mucho en las últimas décadas, y eso incluye grandes cambios de poder. Poder utilizado para estar centrado casi exclusivamente en instituciones y clases de élite que controlan los recursos. Solía pasar que necesitabas tener un ejército o saber provocar un golpe militar. Hoy en día un fanático con una gran carga de explosivos camuflada en un chaleco puede inmolarse y aterrorizar a todo un país. En el pasado, las noticias, los comentarios y la información estaban controlados por los periódicos y por tres o cuatro cadenas de televisión. Hoy hay cientos de canales por cable y cualquier bloguero tiene el potencial de ser una voz de influencia para miles de personas.

A causa de esto necesitamos preguntarnos: ¿tiene la palabra *poder* una connotación positiva o negativa para mí? ¿Por qué? ¿Dónde he visto el poder utilizado con un fin positivo en el trabajo del reino de Dios? ¿Dónde he visto abuso de poder o posición? ¿Dónde he visto el poder de Dios desplegado de una manera descarada e inequívoca? ¿De qué modos confío en el poder que proviene del liderazgo, y qué me preocupa de él?

Enseñar acerca del poder en el ministerio de Jesús

En el Nuevo Testamento hay dos conceptos estrechamente relacionados: poder y autoridad. Poder es la habilidad de hacer algo; autoridad es el derecho para hacerlo. Puede que en el pasado trabajaras para un jefe que tenía la posición o la autoridad para ejercer el liderazgo, pero no tuviera la capacidad (poder) para hacerlo (poder sin autoridad). O puede que hayas trabajado con alguien capaz de ejercer influencia, pero que no tuviera derecho para hacerlo. Los dos escenarios son un ejercicio de frustración e inutilidad. La influencia espiritual está basada en una capacidad otorgada por Dios (poder) que se ajusta al propósito o misión definido por Dios (autoridad). Lo que el mundo necesita hoy es una influencia espiritual mediante la cual la gente florezca por el poder y la autoridad de Dios.

Era una visita de regreso a su ciudad natal y la sinagoga del lugar. En el mismo comienzo de su ministerio, Jesús había estado en esta sinagoga. Leyó Isaías, anunciando que el reino de Dios había llegado, y por poco no le arrojan por un acantilado. Ahora regresaba, enseñando en la misma sinagoga, pero ahora con la reputación que había demostrado unos «poderes milagrosos» por toda Galilea. ¿La respuesta de la gente? «Se maravillaban, y decían: ¿De dónde tiene éste esta sabiduría y estos milagros? ¿No es éste el hijo del carpintero? ¿No se llama su madre María, y sus hermanos, Jacobo, José, Simón y Judas? ¿No están todas sus hermanas con nosotros? ¿De dónde, pues, tiene éste todas estas cosas?» (Mt 13.54–56). Pero incluso así, «se escandalizaban de él» (13.57).

El poder de Dios en las acciones de Jesús asombraba a la gente, como lo hacía la veracidad semejante a la caída de un rayo de su sabiduría hablada. Podían oponerse a él, pero no podían ignorarle.

Jesús repudió el poder arbitrario. El grandísimo poder político, social y militar de los tiempos de Jesús (el poder del Imperio Romano) era el martillo que Poncio Pilatos aplicó sobre Jesús cuando dijo: «¿No sabes que tengo autoridad para crucificarte, y que tengo autoridad para soltarte?» (Jn 19.10). La respuesta de Jesús no fue la que Pilatos esperaba: «Ninguna autoridad tendrías contra mí, si no te fuese dada de arriba» (v. 11).

Jesús confirió poder a sus doce discípulos para asentar de ese modo el paradigma del liderazgo espiritual. Jesús «les dio poder y autoridad sobre todos los demonios, y para sanar enfermedades»

(Lc 9.1). No se trataba de una teatralidad, sino de una batalla contra el mal. «He aquí os doy potestad... sobre toda fuerza del enemigo» (Lc 10.19). Pedro, Santiago y Juan se debieron quedar impresionados ante la perspectiva, aunque solo era el preludio de un poder que se les entregaría y que iba a transformar el mundo. Antes de su ascensión Jesús les dijo: «pero recibiréis poder, cuando haya venido sobre vosotros el Espíritu Santo, y me seréis testigos en Jerusalén, en toda Judea, en Samaria, y hasta lo último de la tierra» (Hch 1.8). El propósito de Jesús al dar poder a sus discípulos es que así ellos sean testigos de él frente a los demás. Este es un ejemplo perfecto de un punto de conexión (un nexo) entre la influencia divina y la humana. Los actos de poder de los seguidores de Jesús no son fines en sí mismos, sino indicadores del poder expansivo de Dios. Estamos aportando un testigo o testimonio al intento de Dios de restaurar la salud y la dignidad humanas. Así que cuando Pedro sana a un hombre cojo en Hechos 3, toma la oportunidad para testificar: «Varones israelitas, ¿por qué os maravilláis de esto? ¿o por qué ponéis los ojos en nosotros, como si por nuestro poder o piedad hubiésemos hecho andar a éste?» (Hch 3.12). Lo más poderoso que puede hacer alguien es rehuir del poder personal y dejar que el poder de Dios fluya mediante palabra y hechos.

Enseñar acerca del poder en los escritos de Pablo

Jesús marcó el comienzo de la nueva era del reino del Dios con pasmosas demostraciones del poder de Dios; el apóstol Pablo explicó toda una nueva ética de vida basada en esta nueva comprensión del poder de Dios. Sus explicaciones de la fuerza en la debilidad, sabiduría que parece una locura y el poder inherente al propio evangelio son nada menos que revolucionarias. Cuando los líderes cristianos basan su influencia en estas verdades acerca del poder, están viviendo en el nexo donde su influencia es mucho más efectiva que si actuaran como simples agentes de poder... y estarán protegidos de muchos de los efectos corruptos que conlleva la posesión del poder.

El poder de Dios nos da audacia. «Porque no me avergüenzo del evangelio, porque es poder de Dios para salvación a todo aquel que cree; al judío primeramente, y también al griego» (Ro 1.16). El evangelio es la proclamación del trabajo redentor de Dios en Cristo. Es un mensaje, pero no es simple cháchara. Este evangelio es poder de Dios. Anonada a la gente. Los sorprende, los impacta. Fluye dentro de ellos y a través de ellos, cambiándolos para siempre. Esta proclamación de que es poder echa abajo al orgulloso y eleva al humilde, empodera a los privados de derechos. Probablemente Pablo no se habría molestado en llamarse a sí mismo líder según tenemos por costumbre hablar de líderes. Él se veía a sí mismo como el heraldo de un gran movimiento que barría la tierra, que provenía enteramente de Dios y que trataba acerca de él. Fue testigo de una revolución extendida que nunca se le podría atribuir al genio o al poder humanos. Era demasiado amplia, demasiado visionaria, demasiado penetrante.

En las dos cartas de Pablo a la iglesia de Corinto a menudo habla de poder, porque Corinto era el centro de la cultura griega con todas sus glorias y miserias. Los «caminos del mundo» dominaban Corinto, y por eso Pablo toma como misión redefinir el poder.

«Porque la palabra de la cruz es locura a los que se pierden; pero a los que se salvan, esto es, a nosotros, es poder de Dios» (1 Co 1.18). ¿Dónde puede encontrar uno el poder de Dios? Pablo es inequívoco: en el mensaje, el evangelio, que dice que el sacrificio de Jesús ha abierto el camino para que la que gente se pueda reconectar con su Creador. Así que Cristo es «poder de Dios, y sabiduría de Dios» (1 Co 1.24). Cuando proclamamos esto, no es hablar por hablar. «Porque el reino de Dios no consiste en palabras, sino en poder» (1 Co 4.20). Pablo les recuerda a los creyentes corintios que cuando él les llevó el mensaje, no lo hizo con la técnica de un discurso elocuente (hoy diríamos un marketing impecable, o una comunicación de vanguardia). «Y ni mi palabra ni mi predicación fue con palabras persuasivas de humana sabiduría, sino con demostración del Espíritu y de poder» (1 Co 2.4).

La segunda carta de Pablo a los creyentes de Corinto tenía más pasión personal, incluso angustia. Derramó su corazón acerca de sus heridas y flaquezas. Y, de nuevo, es el poder de Dios en Cristo el que cuenta. Hablando de ciertos padecimientos que le pedía a Dios que le quitase, Pablo dice que escuchó a Dios decir: «Bástate mi gracia; porque mi poder se perfecciona en la debilidad». Y concluye: «Por tanto, de buena gana me gloriaré más bien en mis debilidades, para que repose sobre mí el poder de Cristo» (2 Co 12.9). Pablo veía el poder de Cristo resucitado como la clave para liberarse de sus debilidades y de muchos de sus sufrimientos: «Porque aunque fue crucificado en debilidad, vive por el poder de Dios. Pues también nosotros somos débiles en él, pero viviremos con él por el poder de Dios para con vosotros» (2 Co 13.4).

Estas son las verdades que marcan la diferencia entre tener una influencia espiritual eficaz y ejercer un liderazgo que simplemente mueve a la gente de un sitio a otro. El poder descrito en las Escrituras sobrepasa cualquier noción secular de poder. Francamente, esta verdad es demasiado difícil de mantener en una era donde la inversión de los banqueros puede hacer desaparecer la fortuna de la gente, cuando un bombardero B-2 puede incinerar una ciudad y cuando una corporación de medios de comunicación puede mover los hilos de un líder global. Vemos el ejercicio de un poder desafilado todo el tiempo, y esas formas de poder parecen ganar impulso en la sobrecargada atmósfera del mundo actual.

Pero al mismo tiempo Dios todavía despliega su poder en y por medio de la gente. Billy Graham dice palabras poderosas frente a millones de personas en Seúl, Corea. La Madre Teresa toca a gente que muere en la miseria en Calcuta. Un líder eclesial de China reanuda su proclamación poco días después de haber sido liberado de la prisión por la misma ofensa. Una viuda perdona al conductor bebido que se llevó a su marido. Un maestro pasa horas una vez terminadas las clases ayudando a un estudiante cuya vida pende de un hilo. Estas cosas ocurren solo por el poder de Dios, y se convierten en la influencia más duradera de la sociedad. «Todas las cosas que pertenecen a la vida y a la piedad nos han sido dadas por su divino poder» (2 P 1.3).

Enfrentarse a los poderes

La subida al poder de Adolf Hitler y el Tercer Reich fue lo más demoniaco que se haya podido ver en la historia. Como pastor y teólogo, Dietrich Bonhoeffer (1906–1945) ejerció una influencia espiritual hasta el punto de pagar el precio final. Por la historia de Bonhoeffer comprendemos lo que significa «enfrentarse a los poderes».[1]

El 1 de febrero de 1933 Bonhoeffer tenía solo veintiséis años cuando pronunció un discurso que repudió el principio del Führer. Se sentó frente a un micrófono en un estudio de radio de Berlín dos días antes de que Hitler fuera nombrado canciller de la República Alemana y descubrió la idea corrupta del Führer (líder), advirtiendo de que ese liderazgo con un poder fuertemente armado conllevaría al gobierno del Verführer (mal líder, seductor).[2] Bonhoeffer no tenía poder con el que enfrentarse a los poderes excepto la verdad y la persuasión. Más tarde en ese mismo año fue ordenado pastor. En 1934 ayudó a organizar la Iglesia Confesante y firmó la Declaración de Barmen, que afirmaba que Cristo, y no el Führer, era la cabeza de la iglesia.

Antes de eso había estudiado teología en la Universidad de Tubinga y publicó una tesis que ofrecía una visión renovada de la naturaleza de la iglesia. Pasó un año en Nueva York enseñando teología y presenciando la vitalidad de la experiencia en la iglesia afroamericana durante el periodo que sirvió en la Iglesia Bautista Abisinia. Más tarde pastoreó dos pequeñas congregaciones alemanas en Inglaterra. Como brillante teólogo, Bonhoeffer tomó mucho cuidado en preparar los sermones para el puñado de personas bajo su cuidado.

En 1939 fue de nuevo a Estados Unidos, pero decidió regresar a Alemania casi inmediatamente para hacer lo que pudiera en aquella tormenta en aumento. Los nazis trataron de silenciar a Bonhoeffer prohibiéndole hablar en público o publicando.

---

1. Para una narración completa de la historia, ver Eric Metaxas, *Bonhoeffer: Pastor, mártir, profeta, espía* (Nashville: Grupo Nelson, 2012).

2. Aunque puede que el discurso no estuviera dirigido solamente hacia Hitler en un primer momento, fue profético acerca de la crisis que se desarrollaría pronto.

Se unió a la resistencia alemana y fue una parte esencial de la preparación del complot para asesinar a Hitler. Bonhoeffer fue arrestado y se le mandó al campo de concentración de Buchenwald, después al de Regensburg y finalmente Flossenburg. Con el Tercer Reich desmoronándose y el deceso inminente de Hitler, se dio la orden de que Bonhoeffer fuera ejecutado, y el 9 de abril de 1945 se le ahorcó. Estuvo doce años enfrentándose a los poderes. Lo hizo en sermones y escritos, en el ministerio pastoral y finalmente en el extremo de la resistencia política. Lo que hizo en una vida adulta muy corta continúa siendo una poderosa influencia en gente de todo el mundo.

Aunque Hitler idolatraba el poder, la autoridad y su propia forma distorsionada de verdad, al final un joven pastor alemán demostró que Hitler nunca tuvo nada de eso. Bonhoeffer murió con una soga alrededor de su cuello, pero oró con sus compañeros prisioneros con una conducta pacífica unos pocos minutos antes. Tres semanas después Hitler moría tomándose un veneno y disparándose a sí mismo después de días de locos delirios.

Si existe un vacío de liderazgo espiritual en una cultura, será rellenado con algo perverso. Jesús dijo: «El ladrón no viene sino para hurtar y matar y destruir»; pero de sí mismo dijo: «Yo he venido para que tengan vida, y para que la tengan en abundancia» (Jn 10.10).

Efesios 6.12 dice: «Porque no tenemos lucha contra sangre y carne, sino contra principados, contra potestades, contra los gobernadores de las tinieblas de este siglo, contra huestes espirituales de maldad en las regiones celestes». Los debates eruditos acerca de este y de pasajes similares (p.ej., Col 1.16; 2.15) se han centrado en si por «poderes» y «autoridades» el apóstol Pablo se está refiriendo a poderes espirituales o a estructuras humanas malvadas, o sea, regímenes totalitarios, injusticia social, etc. ¿O es que las dos se entrecruzan? ¿Será que los gobiernos, sistemas y soberanos destructivos que ejercen el poder sin criterios son la manifestación terrenal de poderes espirituales de maldad? Para Dietrich Bonhoeffer no había duda de que ambos se cruzaban.

El poder hoy en día

La naturaleza humana no cambia. Cada generación experimenta luchas de poder: tomando el poder por la fuerza, suprimiéndolo, usándolo constructivamente, compartiéndolo. La diferencia hoy en día es que los medios de ostentar y utilizar el poder se han magnificado. Hoy no tenemos bolsas de monedas, sino enormes centros de riqueza. Las capacidades de los medios de comunicación de masas hacen el poder de la verdad o la propaganda mucho mayores de como eran hace solo una generación. Los regímenes hoy se levantan y se hunden a trompicones.

Así que la cuestión es: ¿a qué se parece el uso adecuado del poder en la influencia espiritual?

Primero, debemos tratar cualquier sed de poder en nosotros como una patología mortal del alma. No podemos confiarnos, porque el poder tiene efectos tóxicos. Todos los líderes deberían tener amigos y colegas que señalen con sinceridad el menor atisbo de estar aferrándose al poder.

Por otro lado, los creyentes deben actuar en el poder del Espíritu Santo llevando la misión de reconciliación al mundo. Gente cuyos nombres no conocemos se están preparando hoy para ser los próximos Dietrich Bonhoeffer, Billy Graham o William Wilberforce. Pero quizá no debamos centrarnos demasiado en los casos extraordinarios. Todo aquel que ejercita la influencia espiritual necesita desear ser un instrumento del Espíritu Santo, que trabaja poderosamente en nosotros. Un maestro cristiano quizá necesite hacer frente a un padre abusivo, un pastor de jóvenes quizá tenga que enfrentarse a un estudiante que esté siendo cautivado por lo oculto, un empresario quizá tenga que decidir si entra en juicio contra un socio sin escrúpulos. Encargados de oficina necesitan decidir qué hacer con las diferencias de poder en el lugar de trabajo. Un creyente que tenga un vivo deseo de postular para un cargo público necesita decidir sus estándares éticos antes siquiera de empezar. El líder de un grupo de responsabilidad necesita determinar qué clase de expectativas tener en el grupo. Hay innumerables caminos en los que cualquiera de nosotros podemos ser llamados a conectar el poder del Espíritu con las necesidades del día a día.

Finalmente, es importante permanecer centrados en la fuente de poder verdadero, que es el mensaje acerca de la restauración divina. Con Pablo podemos decir: «No me avergüenzo del evangelio, porque es poder de Dios para salvación a todo aquel que cree; al judío primeramente, y también al griego» (Ro 1.16). Cuando necesitamos poder para hacer una tarea en cuestión, para construir nuevas iniciativas o manejar situaciones inmanejables, no existe mayor poder que la realidad y el mensaje de que en Cristo, Dios ha comenzado un trabajo radical de restauración en la raza humana. Este evangelio dice que Dios ha salvado, está salvando y salvará y restaurará a la gente. La influencia espiritual hace uso de una clase de poder que sobrepasa todas las formas de liderazgo embotado, empellado y destructor que se pone en práctica hoy en el mundo. El evangelio de la restauración humana en Cristo es capaz de formar instituciones, culturas e historia porque comienza con esta re-creación radical en hombres y mujeres reales.

Este mensaje es Cristo y sobre Cristo. Este evangelio es inequívoco: «Cristo poder de Dios, y sabiduría de Dios» (1 Co 1.24). El mensaje trata de una trayectoria en tiempo presente hacia una conquista final, pero no antes del juicio decisivo del pecado. «Porque la palabra de la cruz es locura a los que se pierden; pero a los que se salvan, esto es, a nosotros, es poder de Dios» (1 Co 1.18).

Hay poder en la influencia espiritual ejercida por un profesor que sabe que la educación no es solo verter información, sino formación para la vida. El líder empresarial que quiere que el evangelio marque una diferencia en su vida y su carrera necesita ver que el modo en que se conduce es un mensaje de esperanza... y en eso hay poder real. Un líder de la comunidad puede tomar fuerzas del compromiso de Dios de restaurar a la comunidad humana... y conocer el poder que conlleva. Los líderes de la iglesia pueden restaurar su entrega al evangelio y saber que, incuso en un nivel pragmático, el evangelio realmente funciona. La gente no se transforma por la maquinaria organizativa: se transforman por el poder de Dios cuando el evangelio es el mensaje principal.

La auténtica ironía es que el poder puede destruir y puede salvar.

Es tan verdad hoy como lo fue antes: «el poder corrompe; el poder absoluto corrompe absolutamente». Por eso es que necesitamos el puro poder restaurador de Dios aplicado a cada área de la vida. Todos estamos en medio de alguna lucha de poder. En medio de gente herida. La cruz precede a la resurrección; el sacrificio viene antes que el éxito.

Capítulo 13

ACEPTAR LA AUTORIDAD

La autoridad envenena a cualquiera que la toma para
sí mismo.

—*Vladimir Lenin*

Todo aquel que ejerce alguna iniciativa o influencia de un modo
u otro será retado por alguien que le preguntará: «¿Qué derecho
tienes para hacer eso?». La pregunta puede ser sobre algo que has
dicho, una decisión que has tomado o un curso de acción que has
establecido. Pero normalmente salta cuando haces algo que afecta
a otra persona. Mucha gente tiene estos dos deseos contradictorios:
quieren ser liderados y se resisten a que se les diga qué hacer. Así que
incluso aunque la pregunta no se formule en voz alta, la gente se pregunta qué derecho tienen los demás para decirles lo que tienen que
hacer o pensar. Los que se resienten puede que mantengan la boca
cerrada y se guarden el rencor, lo que se encona con el tiempo, y así
las relaciones se van tensando cada vez más. Solo empeora cuando
el influyente siente descontento en la conformidad y lidera presio-
nando con más fuerza. El poder en sí mismo no es la respuesta a la

pregunta de la autoridad. «La fuerza hace el derecho» funcionaba para los reyes medievales, pero difícilmente será un método digno de influencia espiritual.

No debería sorprendernos cuando la gente se pregunta: ¿qué derecho tiene esa persona de allí a tratar de ejercer autoridad sobre mí? En un escenario de trabajo al uso la respuesta es sencilla: tú tienes el poder de tomar decisiones, de establecer la dirección y de decirle a los demás qué hacer si tienes cierta posición en el organigrama y un letrero en la puerta de tu oficina que identifica tu rango. En muchos emplazamientos no resulta una controversia en absoluto. La Biblia aclara que Dios ha ordenado ciertas estructuras de autoridad para que haya orden en vez de caos en el mundo. Romanos 13 habla de que Dios ha establecido estructuras de autoridad cívicas. Tener policía, cortes, alcaldes, gobernadores, magistrados y otras «autoridades», por imperfectas que sean, es mucho mejor que la anarquía.

Pero no es suficiente. Necesitamos el orden de Dios. La influencia de Dios a la hora de arreglar un mundo roto toma muchos nombres: *shalom*, reconciliación, prosperidad, salud, justicia, orden. Las cosas no son como se supone que deberían ser, y por eso Dios se ha movido con decisión para restaurar las cosas a su orden correcto. Dios tiene la autoridad para hacerlo, y nos transmite autoridad a nosotros para hacer el trabajo.

Por eso

- un ministro de justicia busca detener la marea de tráfico humano poniendo orden donde el desorden ha destrozado vidas.
- un pastor de jóvenes trata de ayudar a los estudiantes a vivir bajo el orden protector de Dios.
- el dueño de un negocio comienza un programa de formación laboral para suscitar orden del caos del desempleo crónico.
- el presidente de una organización de misiones pone orden en lo que se había convertido en una maraña de proyectos.
- un legislador cristiano recientemente elegido ve la oportunidad de mejorar la ley y el orden para el beneficio de la comunidad.

Cuando líderes capaces aceptan una mayor autoridad para llevar a cabo un trabajo de restauración en el mundo, entonces la gente cosecha los beneficios que conlleva la influencia espiritual.

Conoce lo que significa la autoridad

Poder es la capacidad de hacer cosas, mientras que autoridad es el derecho para hacerlas. Pero están tan entrelazados que cuando a la gente se le da autoridad, del mismo modo obtiene poder. «¿Con qué autoridad haces estas cosas?», le preguntaron las autoridades religiosas a Jesús cuando presenciaron su milagroso poder para sanar. No podían negar el poder: estaba justo delante de sus ojos. Así que preguntaron por el derecho de Jesús para ejercer ese poder. Qué posición tan peligrosa estaban tomando: ¡ponerse en el camino de lo que Dios quiere hacer con una discusión sobre autoridad!

La influencia espiritual no se define ni se limita por el cargo. Una organización necesita claridad acerca de quién tiene el derecho de tomar cierta clase de decisiones, pero algunas de las iniciativas más creativas, transformadoras y determinantes tienen lugar porque el Espíritu se mueve e inspira a alguien: ya sea que tenga el «cargo» para hacerlo o no.

¿Quién tiene «autoridad espiritual»?

La respuesta corta a la pregunta es: cualquiera a quien escoja el Espíritu. Esto es lo que hace que la influencia espiritual sea emocionante y dinámica. En las organizaciones humanas todo marcha de acuerdo a la estructura predeterminada. (Aunque muchas organizaciones hoy están aprendiendo que la libertad para crear e innovar, en cualquier nivel, puede que sea más importante que simplemente regular la mano de obra.) Todo es diferente cuando creemos que un Dios enérgico quiere sorprendernos usando a gente normal y corriente como sus extraordinarios instrumentos. Dios no está limitado a los organigramas. No necesitas un título para ser un líder.

Ese innovador enfoque para una iglesia puede que venga de un pastor con tan solo un par de años de experiencia. Un asistente administrativo puede que sea la persona que tiene el discernimiento espiritual para ver cómo una mala relación entre dos gerentes está llevándose por delante a una compañía entera. Puede que un nuevo profesor experimente con un estilo novelesco y vea grandes efectos en la clase. La pregunta es: ¿están los líderes establecidos suficientemente abiertos para aprender algo nuevo, y para aprenderlo de alguien que no tenga autoridad debido a su posición o cargo? Si creemos que el Espíritu de Dios puede usar a cualquiera en cualquier momento, debemos tener la mente abierta. Eso es lo que hace interesante la influencia espiritual.

La autoridad espiritual a veces está basada en un cargo y a veces en un don. Necesitamos el cargo de liderazgo, esto es, el derecho definido, delegado y posicional de servir a la gente trayéndolos a la influencia de Dios. Y por eso algunas personas tendrán títulos como director general, pastor principal o vicepresidente. Mientras tanto, otros tendrán autoridad espiritual porque Dios les ha otorgado un carácter extraordinario y habilidad, o creatividad, fe o sabiduría. Su autoridad es más natural que oficial, pero no es menos auténtica.

La influencia espiritual se extiende mucho más allá de aquellos que tienen títulos oficiales, y eso es algo bueno porque necesitamos mucha gente que ayude a los demás a ponerse bajo la transformadora influencia de Dios. No solo necesitamos generales: también coroneles, capitanes, tenientes, sargentos y muchos soldados de a pie que se levanten cuando se necesite liderazgo. Los fariseos y sus homólogos modernos tienen un problema con ello. Siempre están indagando quién tiene el cargo y quién no. Pasan mucho de su tiempo reprimiendo los esfuerzos de personas a quienes no consideran líderes de buena fe. En el peor de los casos, consideran que el reglamento es su única responsabilidad y desarrollan una justificación de sí mismos y un orgullo de su posición que mata el propósito de la misión. Si los expertos en política trataron de condenar a Jesús, lo intentarán hacer con cualquiera.

Abuso de autoridad

No existe un antídoto fácil para el fariseísmo burocrático. Las fuerzas del control y la regulación son poderosas y a menudo están profundamente arraigadas. Las tradiciones se convierten en algo sacrosanto porque los motivos originales que tenían detrás son generalmente buenos: mantener la verdad, defenderse de los ataques, ser fieles a la causa. Pero cualquier causa puede convertirse en un cascarón vacío de lo que era originalmente.

La solución para la fosilización del liderazgo hoy descansa en el núcleo del evangelio. Jesús sacudió los fundamentos de los burócratas de su tiempo con el mensaje del reino de Dios. Dios debe reinar. Dios reina. Y Dios no necesita el permiso de nadie. Su autoridad es absoluta. Nuestra autoridad es estrictamente derivada, y solo es sólida en tanto esté conectada con los propósitos de Dios.

Esto es liberador para la gente. La influencia espiritual significa inspirar a la gente para que sean parte de un movimiento que es tan expansivo como la imaginación de Dios y tan bueno como su corazón.

Antes citamos este aforismo: «El poder corrompe; el poder absoluto corrompe absolutamente». Y así mismo pasa con la autoridad. Dale a alguien un título de importancia y se sentirá tentado a centrarse en la posición. Así es la naturaleza humana. La forma más dañina de búsqueda de estatus puede que no venga de los líderes manifiestamente corruptos, sino de los motivos sutiles, profundamente enterrados del instinto de conservación y de conservación del territorio que descansan en el corazón de casi cualquiera al que se le haya otorgado autoridad. La autoridad puede ser una droga poderosa.

Cuando tentó a Jesús, el Maligno le condujo a un lugar alto y le mostró en un instante todos los reinos de la tierra, y después le hizo una oferta enterrada en una mentira y colocada como un cebo en un anzuelo: «A ti te daré toda esta potestad, y la gloria de ellos; porque a mí me ha sido entregada, y a quien quiero la doy. Si tú postrado me adorares, todos serán tuyos» (Lc 4.6–7). El mal siempre reclama la autoridad. Siempre promete poder y estatus. Y siempre hunde a los que muerden el anzuelo.

«Al Señor tu Dios adorarás, y a él solo servirás» fue la respuesta de Jesús (Lc 4.8). Y adorar a Dios sigue siendo el antídoto de Jesús para los abusos de poder. La alabanza restaura el orden: Dios la autoridad, nosotros los sirvientes. Tenemos autoridad solamente como extensión del llamado y el trabajo de Dios.

Actuar con autoridad

El ministerio del apóstol Pablo proporciona una ventana a las complejidades de liderar con autoridad. Junto a su drástico llamado al ministerio, a Pablo se le otorgó autoridad. Pero su autoridad era continuamente cuestionada. Porque él no era uno de los doce apóstoles originales, no era un apóstol «real» como Pedro, Santiago y Juan, decían algunos. Él abusaba de su autoridad, según otros. Sus motivos eran del todo erróneos, declaraban. Uno se acaba preguntando cómo podía este hombre dormir por la noche.

Por eso, cuando escribió a la iglesia de Corinto cuando su relación estaba muy débil, les recordó: «Porque aunque me gloríe algo más todavía de nuestra autoridad, la cual el Señor nos dio para edificación y no para vuestra destrucción, no me avergonzaré» (2 Co 10.8). Escribió una dura carta, llena de angustia y dolor, y les dice: «Por esto os escribo estando ausente, para no usar de severidad cuando esté presente, conforme a la autoridad que el Señor me ha dado para edificación, y no para destrucción» (2 Co 13.10). La valerosa fe de Pablo le permitía imponer la autoridad, y su profunda humildad le mantenía a salvo de ser intoxicado por el poder.

Así que eso es: Dios da la autoridad (en este caso, el derecho a decirle la verdad a una iglesia enferma), pero se mantiene en los límites apropiados por los motivos correctos. Como un niño que se siente reducido por la disciplina, la iglesia corintia se sintió abatida cuando el apóstol realmente estaba derribando los problemas difíciles para que ellos, como personas, pudieran ser reconstruidos. Si Pablo hubiera sido un hombre que abusaba de la autoridad, entonces habría buscado una ganancia personal en sus relaciones, y la habría encontrado. Pero en vez de buscar la riqueza y la comodidad, vivió una vida de hambre, sed, miseria física, rechazo, incertidumbre. El que fuera una vez un fariseo que tomaba la autoridad de los sacerdotes principales para poner a los seguidores de Jesús entre rejas (Hch 26.10), ahora trabajaba bajo la directa autoridad de Dios para multiplicar la gracia y la verdad en la vida de la gente.

Y por eso en la influencia espiritual estamos actuando con autoridad, porque Dios ha garantizado el derecho. No nos inventamos, ni tomamos por la fuerza, ni asumimos la autoridad. La aceptamos... con cautela.

El tema de la autoridad hoy

La autoridad es una cuestión complicada y controvertida. Recientemente, en muchos países la gente se ha levantado contra sus líderes autoritarios cuando se han dado cuenta de que estaban gobernando por interés propio, no por el bien de la gente. En nuestro país, muchos han desafiado la autoridad de líderes religiosos, políticos, financieros y empresariales, cuestionando abiertamente sus motivos y acciones. Donde esté justificado, deberíamos tener en cuenta y respetar este escepticismo.

Lo que necesitamos hoy en día son líderes que basen su autoridad no en su posición o en su poder, sino en la autoridad de Dios. Su motivo para ejercer la autoridad debería ser que quieran ver el reinado de Dios extenderse en las vidas de la gente y transformar organizaciones e instituciones. No necesitamos gente que reclame poder y autoridad, sino a quienes con respeto acepten la autoridad bajo el llamado de Dios y se deleiten en el cumplimiento de los propósitos de Dios. Necesitamos líderes que esperen recompensas, no premios. Aquí tenemos algunos pasos prácticos para usar la autoridad con propiedad.

- Todos necesitamos definir las líneas de responsabilidad que incluyen un diálogo regular acerca de nuestras actividades y prioridades con gente de confianza.
- La franqueza debe ser la norma en las conversaciones en curso entre nosotros y aquellos ante los que somos responsables. Esto incluye a los amigos y a la familia.

- El liderazgo colectivo debería ser común. Incluso aunque una organización requiera una estructura jerárquica piramidal, aquellos que estén cerca de la parte alta de la jerarquía aún pueden utilizar a compañeros y procesos que eviten una toma de decisiones repentina y arbitraria.
- Necesitamos seguir regresando a la misión que Cristo nos dio. Nuestro objetivo, no importa el escenario, debe ser traer a más personas bajo los beneficios del reino de Cristo. Estaremos realmente consiguiendo algo cuando veamos que la gente cae bajo la autoridad benéfica de Jesús. Su influencia es la única que perdura.

Al final, el uso adecuado de la autoridad es un acto de amor y responsabilidad. El periodista Sebastian Junger vivió y se movió con un pelotón de soldados en una peligrosa parte de Afganistán durante más de un año. Vio de primera mano hasta qué punto los soldados dependen unos de los otros y cómo incluso las cosas pequeñas pueden significar la diferencia entre la vida y la muerte. En tales circunstancias cualquiera debería ser una influencia con autoridad.

Junger escribió en su libro *Guerra*: «Los márgenes eran tan pequeños y los errores tan potencialmente catastróficos que todos los soldados tenían cierta clase de autoridad de facto para reprender a los demás... en algunos casos incluso a oficiales. Y puesto que el combate podría depender de los [pequeños] detalles, no había nada en la rutina diaria de un soldado que estuviera fuera del ámbito del grupo. Que te ataras los zapatos, o que limpiaras tu arma, o que bebieras suficiente agua, o que aseguraras tu equipo de visión nocturna, todas eran cuestiones de interés público y por eso estaban abiertas al escrutinio público».[1]

Cuanto más seria es la apuesta, más necesitamos voces con autoridad que digan la verdad. Poder, autoridad y verdad... están todos conectados.

---

1. Sebastian Junger, *War* (Nueva York: Twelve, 2010), p. 160 [*Guerra* (Barcelona: Planeta, 2011)].

Capítulo 14

PROMOVER LA VERDAD

> La verdad está tan oculta en estos tiempos, y la falsedad tan establecida que, a menos que amemos la verdad, no podemos conocerla.
>
> —*Blaise Pascal*

Poder, autoridad y verdad son las dinámicas del movimiento de Dios en el mundo, y la dinámica de la influencia y el liderazgo. Ahora vamos por la verdad.

Una de las mayores responsabilidades de la influencia espiritual es ayudar a la gente a asentar sus vidas en la realidad. Eso es lo que significa guiar a la gente a «la verdad». La búsqueda de la verdad espiritual no trata de acumular información; consiste en conocer cómo son las cosas en realidad (todas las cosas de la vida) y ser capaces de vivir bien como resultado.

En el mundo actual hay muchas dudas sobre la verdad. ¿Existe algo así como la verdad? ¿Cómo puede alguien saber que algo en particular es verdad? ¿No es arrogante que la gente diga que conocen «la verdad»? ¿Qué vamos a hacer con la larga historia de líderes que manipulan a los demás argumentando que tienen la verdad? ¿Cómo se puede confiar en líderes que han violado la verdad? ¿Dicen la verdad los políticos cuando hablan? ¿Qué deberíamos hacer con los predicadores cuyas fantasías no están fundamentadas en la verdad? ¿Cuándo deberíamos creer a un líder que nos pide que creamos cierta verdad?

Añádele a eso los mensajes confusos de hoy en día. ¿Qué web de información es de fiar? ¿Qué noticiero de la televisión por cable está prejuzgando al dar las noticias? ¿Hay unidad en la verdad bíblica? ¿Por qué hay tantas denominaciones?

Si Jesús tuvo que decir una y otra vez: «En verdad os digo», no debería sorprendernos que nosotros también tengamos que hacerlo. No podemos suponer que la gente creerá lo que le estamos diciendo. Ni siquiera cuando lo introducimos con un «de verdad», «realmente» o «sinceramente». Y eso es bueno. Solo Dios es la Verdad; nosotros conocemos la verdad y la comunicamos solo a través de las lentes imperfectas de nuestras vidas. Los influyentes que tienen seguidores que creen todo lo que dicen todo el tiempo solo han conseguido que les sigan perritos falderos.

La verdad es mucho más que una lista de proposiciones. Nos encanta hacer listas y categorías, así que solemos pensar en las verdades de ese modo. Conocer la verdad con esta mentalidad significa coleccionar un conjunto siempre creciente de tesis y argumentos. La idea bíblica de verdad, sin embargo, es un tapiz completo de la realidad: basado en primer lugar en el carácter de Dios, quien es la Verdad. Las proposiciones importan, pero solo si concuerdan con el tejido completo de la realidad.

Detrás de todo esto está Dios: la realidad suprema. El concepto de verdad del Antiguo Testamento hebreo se acerca al de fidelidad. Como Dios es, así es su verdad: firme, segura, fidedigna, verificable, constante, cierta, estable, fiable, indiscutible, duradera, eterna, inalterable.

¿Puede alguien dudar de que hoy necesitemos la verdad? Todo el mundo necesita un asidero firme, fiable y preciso de la realidad... aunque se sientan amenazados por él.

La verdad que todos necesitamos

Es un extraordinario privilegio ayudar a la gente a vivir en la realidad. El proverbio de Jesús —«conoceréis la verdad, y la verdad os hará libres» (Jn 8.32)— no es solo un eslogan. Toda la verdad, incluso las verdades más duras acerca de las realidades más crueles, cuando se aprehenden, nos liberan de la ignorancia y del autoengaño.

Podemos guiar a la gente hacia la verdad de muchas maneras. Por ejemplo, podemos asegurarle a alguien que esté dudando de la bondad de Dios que los pecados de la gente no son culpa de Dios. O mostrarle a un agnóstico que ciertamente es posible confiar en la realidad de Dios. Decir la verdad puede materializarse diciéndole a la gente cómo perseverar frente a las dificultades personales, predicando un sermón que muestre cómo funciona el perdón o enseñando que la moral y la ética son la realidad de la buena vida.

En la práctica, decir la verdad incluye liderar una evaluación honesta de las fortalezas y debilidades de una organización, un proceso que hace posibles las mejoras reales. Decir la verdad también hace que un líder admita los errores y defectos en vez de hacer alarde de una personalidad falsa.

Anclarse en la realidad aprendiendo y aceptando la verdad es un proceso sin fin. Pero las recompensas son enormes.

Renovar nuestra confianza

Tenemos un depósito de verdad en las Sagradas Escrituras. Puesto que nunca llegamos al estado permanente de certeza en la verdad bíblica, necesitamos estar renovando nuestra confianza. Conocer la verdad es una relación, porque significa conocer a Dios. Y las relaciones no son estáticas. Los creyentes más fuertes de la Biblia necesitan asegurarse de que sus corazones siguen siendo permeables a la impresión de Dios. Los fariseos se enorgullecían de su conocimiento bíblico, y tenían una destacable habilidad con la letra de la ley. Pero Jesús les dijo: «Erráis, ignorando las Escrituras y el poder de Dios» (Mt 22.29). Conocer es más que memorizar. La verdad es más grande que las palabras.

Los líderes cristianos han tenido una relación torpe con la Palabra de Dios. Hemos alternado ideas pragmáticas de liderazgo que no están en la Escritura con un legalismo a golpe de Biblia o unas justificaciones textuales retorcidas: nada de lo cual es aceptable. O hemos mantenido separadas la teología y el sentido práctico del liderazgo. El poder real de la influencia espiritual sobrevive cuando la sustancia de la Escritura moldea continuamente nuestras actitudes, valores y opiniones. No significa citar artificialmente capítulos y versículos para todo lo que hagamos, lo que acaba resultando en falsedad y puede modelar el uso incorrecto de la Escritura.

Pero una de las razones más importantes para ser renovados y alumbrados continuamente por la Palabra de Dios es que entonces nuestro entusiasmo por la verdad de Dios será contagioso. Una de las mejores maneras de ayudar a la gente a sentirse cautivados por la verdad de Dios es que nosotros mismos mostremos que estamos cautivados: mostrar que nos sentimos atraídos, agarrados, alzados, extasiados, absorbidos por la verdad que hemos descubierto acerca de Dios y de la realidad del mundo en que vivimos. Existe un fantástico precedente de esto en la audaz afirmación de Martín Lutero cuando estaba frente a la asamblea de Worms: «Mi conciencia está cautiva por la Palabra de Dios».

Podemos influir en la gente para bien cuando hablamos de nuestro entusiasmo por la influencia de la Palabra de Dios en nuestras vidas. Que no podemos imaginar vivir de otra manera. Que no podemos esperar a la siguiente lección. Que estamos ilusionados por compartir lo que estamos aprendiendo. Que deseamos ver a toda la gente que sea posible corriendo hacia ese lugar donde el río de la verdad de Dios fluye.

Obviamente, una de las disciplinas más importantes para la influencia espiritual es la lectura y el estudio regulares y atentos de la Escritura. Nuestras mentes deben ser llenadas y moldeadas por la Escritura. Nuestros instintos deben entrenarse para que en un abrir y cerrar de ojos, cuando se nos llame a reaccionar, nuestros pies ya estén firmes en los fundamentos de la verdad de Dios expresada en la Escritura.

Nuestro liderazgo está en la sed. Es la sed. «Como el ciervo brama por las corrientes de las aguas, así clama por ti, oh Dios, el alma mía. Mi alma tiene sed de Dios, del Dios vivo» (Sal 42.1–2). Influencia hacia dentro; influencia hacia fuera.

Mejorar las artes de comunicación

Hoy en día la influencia espiritual requiere que tengamos siempre afilada nuestra habilidad para comunicar la verdad bíblica. Puesto que el lenguaje de nuestros tiempos cambia, del mismo modo deben hacerlo nuestros modos de explicar las verdades atemporales de la Escritura.

Necesitamos usar todos los medios de comunicación a nuestro alcance. Hoy eso incluye escribir, ya sean cartas, blogs, libros, boletines electrónicos u otras formas. Algunos influyentes tienen la habilidad de usar las redes sociales de forma auténtica y personal; y no hay una manera más directa de comunicación que las conversaciones cara a cara. Necesitamos guardar tiempo para las conversaciones libres y espontáneas.

Hablar en público es una fantástica oportunidad para la influencia espiritual. Ya sea que se esté dando un breve devocional, un seminario formativo, una charla o un sermón, existen ciertos objetivos habituales que nos ayudarán a ser eficaces al hablar en público.

1. Toma como algo de alta prioridad cada ocasión que tengas de hablar frente a un grupo. Es una oportunidad para que plantes en las mentes y corazones de los demás las semillas de la gracia y la verdad de Dios, lo que puede ser un punto de inflexión.
2. Evita los clichés cuando expliques la verdad bíblica. Son una forma de comunicar superficial y vaga.
3. Piensa en expresiones memorables que se queden pegadas en la mente de la gente.
4. Habla con claridad. Ten solo un punto principal. Tus oyentes deberían ser capaces de responder a la pregunta: ¿de qué iba la charla?
5. Ilustra la verdad con ejemplos de la vida real. Evita analogías tiernas. No cites películas que los demás nunca verán.

6. Sé auténtico, pero no artificialmente. La gente perspicaz puede notar un apartado de «autenticidad» planificado en una charla. Los momentos de vulnerabilidad pueden volverse rutina. Simplemente sé tú mismo. Sé sincero.

7. Haz de la verdad bíblica el fundamento de tu charla.

8. Estudia meticulosamente. Prepárate bien. Ganas credibilidad inmediata con tu audiencia si notan que les importas lo suficiente para invertir tu tiempo en prepararte. Llenar el tiempo hablando por hablar solo impresiona al orador.

9. Respeta el tiempo de los demás. No te pases de tu tiempo estipulado, lo que simplemente es una falta de disciplina. Nunca utilices la excusa de que necesitas más tiempo para comunicar tu tema determinado (¡un hábito que muchos oradores repiten a menudo!). Se puede decir algo valioso acerca de cualquier tema en cualquier parámetro de tiempo que te hayan dado. Tú tienes la tarea. Tú tienes el control. Ejemplifica el pensamiento cuidadoso y la disciplina.

10. Lee las expresiones de la gente. Ellos te «hablan» cuando tú les hablas. Los diálogos son mejores que los monólogos. Si los ojos les dan vueltas en las cuencas, aumenta la energía, no solo subiendo el volumen, sino cambiando el contenido.

11. Haz que tu contenido esté enfocado a la cabeza, el corazón y la voluntad. Cabeza: proporciona un punto de vista nuevo. Corazón: profundiza. Voluntad: apunta a la acción y a la respuesta. El propósito de algunas conferencias puede que esté más en unos que en otros, pero muchas pueden contener los tres elementos.

12. Haz que les importe porque a ti te importa. Si no te sientes atrapado por la verdad que estás comunicando, no puedes esperar que sea fascinante para los demás. Cancela la charla. U ora por una sensación de convicción.

13. Si hablas para un grupo regularmente, adopta una visión a largo plazo. Inicia un fuego y mantenlo avivado. No mires cada charla particular como una oportunidad para un espectáculo de fuegos artificiales.

El resumen es este: respeta la verdad de Dios y respeta a la gente a la que estás hablando. Ser heraldo es un acto de amor. Convierte la influencia en influencia espiritual permitiendo que la verdad fluya hacia ti y que después fluya hacia los demás. Disfruta del hecho de que no se trata de tu verdad, sino de la de Dios.

La voz de la verdad

Cierto día el columnista del *New York Times* David Brooks escribió un artículo titulado «¿Quién es John Stott?». Brooks se lamentaba del hecho de que los medios de comunicación siempre escogieran a gente equivocada para representar al cristianismo evangélico, poniendo el micrófono delante de gente que, en su opinión, no eran más que «bufones». Si los reporteros fueran inteligentes, dijo Brooks, entonces considerarían a John R. W. Stott como la voz del cristianismo evangélico. Es una voz «amable, cortés y natural. Humilde y autocrítica, pero también segura, feliz y optimista». Brooks continuó reflexionando sobre por qué este predicador evangélico le resultaba tan fascinante a él, un judío. Tenía que ver con la absoluta «lealtad inquebrantable a la Escritura» de Stott. Brooks concluyó: «Más importante aún, él no cree que la verdad sea plural. No cree en relativizar el bien y el mal o que cualquier fe sea válida independientemente, o que la verdad sea algo hacia lo que se encaminan los humanos. Más bien, la Verdad ha sido revelada».[1]

John Stott fue pastor en Londres durante muchos años y poco a poco fue haciéndose amigo de docenas de países que visitó en su ministerio itinerante de conferencias. Se guiaba por la convicción de que la verdad de Dios en Cristo está en el corazón de la misión que los creyentes comparten. Nunca alardeó del hecho de haber servido como capellán para la reina de Inglaterra, ni se gozó de la multitud de elogios que recibió. Vivió con la mayor sencillez posible, escribió libros en una pequeña casa de campo de Gales, nunca se casó y cientos de jóvenes para quienes él era un mentor le llamaban «Tío John».

---

1. David Brooks, «Who Is John Stott?» *New York Times*, 30 noviembre 2004, http://www.nytimes.com/2004/11/30/opinion/30brooks.html.

Stott siempre se enderezaba frente al estrado desde el que hablaba, pasando las páginas de una pequeñísima libreta para marchar directo en su discurso. No daba rodeos. Apenas gesticulaba. Pero en su voz existía una firme convicción que puntuaba cada palabra y cada frase. Sacrificio, verdad, crucifixión, misión, mundo, redención... y, especialmente, Cristo. No captaba tu atención con elaboradas ilustraciones, sino con la sustancia de la verdad. No hablaba de temas, sino de la realidad. La metodología de su análisis mostraba respecto hacia sus oyentes. Un auténtico deseo de ayudar a la gente. Y por debajo de todo esto siempre estaba un espíritu conciliador. Era educado no por ser inglés, sino porque la gracia de Cristo lo precisaba. Gracia y paz —las palabras clave de las salutaciones paulinas— eran los valores que abrían la puerta de la credibilidad a miles de personas.

Stott demostró influencia espiritual no por haber construido una organización o haber liderado una institución. Él lideraba plantando semillas de verdad: amplia, profunda y continuamente, durante un periodo de décadas. En el último discurso público de John Stott él lanzó la pregunta: ¿qué tratamos de hacer en la misión? En su mente la respuesta no tenía duda: ayudar a la gente a ser más como Cristo.

Los elementos principales de la influencia de Stott diciendo la verdad están a nuestro alcance. Debemos

- Hacer de la dedicación a Dios en Cristo nuestra mayor prioridad.
- Vivir con coherencia, con integridad. Resistir la tentación de desarrollar una personalidad pública.
- Desarrollar disciplinas esenciales como la lectura de la Escritura y la meditación, la oración, el trabajo y el descanso.
- Confiar en la inalterable verdad de la Escritura. Profundizar en su estudio.
- Preparar charlas públicas con un enfoque con sustancia. Buscar las conexiones y ordenar nuestras ideas.
- Valorar las relaciones con otros líderes. Ser un mentor sin tener que ser llamado mentor. Seguir los patrones naturales. No convertir el discipulado en un programa.

- «Leer» la verdad de Dios escrita en el mundo natural. Stott era un ferviente ornitólogo (observador de pájaros). Su saber cumulativo hizo de él un experto mundial. Era tanto un pasatiempo como un acto de alabanza. Como muchos otros líderes cristianos, Stott practicaba una plena conciencia de la presencia y el trabajo de Dios, y eso incluía participar en la creación, cultivar un sentido de admiración y asombro.

Decir la verdad hoy

En medio de los crecientes debates filosóficos acerca de la naturaleza de la verdad, no debemos perder el equilibrio cuando se trata de servir a las necesidades reales de la gente. La influencia espiritual es una oportunidad de liderar a la gente a la verdad, afianzando sus vidas en la realidad. Verdad es lo que la gente necesita.

En el siglo veintiuno necesitamos comprender cómo la gente recibe, comprueba y asimila la verdad.

Primero, tan a menudo como sea posible, deberemos ver el hecho de decir la verdad como un diálogo. No es algo malo que la gente no quiera escuchar simplemente. Quieren responder, incluso aunque eso solo signifique que el predicador lea los rostros de aquellos a los que habla y sea sensible a ellos. A la gente le encantan las entrevistas: leerlas, verlas por televisión, seguirlas por Internet. Hay algo dinámico en la búsqueda de la verdad como un diálogo entre dos personas.

Los antiguos griegos utilizaban el método socrático para debatir y dialogar como un modo de afilar el pensamiento crítico. Tomás de Aquino escribió su enorme teología como una serie de preguntas y respuestas. Y la lista continúa. Decir la verdad como un diálogo no es que sea un modo viejo o nuevo, sino uno clásico para agudizar la comprensión de la realidad.

En un nivel práctico eso significa hacer interactivas las clases y sesiones de formación. Significa que los predicadores tienen que leer las caras de su audiencia. Deberíamos usar los nuevos medios de comunicación como una forma de conversación. Esto no niega lo simple, la proclamación directa de la verdad de Dios, lo que incluye el profético «Así dice Dios». La pregunta es: ¿qué pasa después?

Segundo, todos debemos ser traductores de la Palabra de Dios. Citar la Escritura está bien, pero la gente del mundo actual necesita explicación y encarnación. Necesitan a personas que tengan una comprensión profunda de la verdad de Dios para ponerla en el lenguaje cotidiano, y no solo repetir los clichés. Uno de los mejores modos de hacerlo es encontrar esos géneros de la Escritura que se transfieren más fácilmente a la gente que estamos ayudando. En algunas culturas los proverbios son fáciles de entender. Algunos están preparados para escuchar la narración de la vida de Jesús. Mucha gente es receptiva a las parábolas que Jesús explicaba en lenguaje cotidiano. ¿Necesitas explicarle la salvación a alguien? La parábola del hijo pródigo lo tiene todo.

Tercero, debemos mostrar confianza en la verdad. Mucha gente hoy en día está hastiada y es cínica. Apenas hay líderes en quienes puedan confiar. Como consecuencia, no les dan crédito, y dejan de buscar un organismo de verdad que pueda formar una estructura para la vida. Desestiman a cualquiera que trate siquiera de ofrecer una propuesta para una vida basada en la verdad.

Cuando hablar de la verdad es un camino sin salida, la alternativa es vivir la verdad: lo que deberíamos estar haciendo de todos modos. Vivir la verdad es como deberías comprender la ética sexual, la gestión del dinero y las conversaciones de la oficina. Vivir la verdad debería afectar el modo en que hablamos de la política y los políticos, la historia mundial y las teorías sobre el futuro. Y la confianza en la verdad —certeza sin arrogancia— debería ser el sustento que le ofrezcamos a la gente que busca una sana influencia espiritual en sus vidas.

En los últimos seis capítulos hemos visto cómo profundizar. La influencia espiritual —puesto que trata de la naturaleza humana en el fondo— significa que debemos desarrollar el discernimiento, perseguir la sabiduría y pensar en profundidad. Necesitamos actuar y reaccionar con mucho cuidado en el nexo donde el liderazgo divino y el humano se conectan poderosamente: recibir poder, aceptar la autoridad y promover la verdad.

Para nosotros es natural preguntarnos hasta dónde puede llegar la influencia, pero si queremos ver una influencia duradera, preguntaremos a cuánta profundidad llega. En el nivel más superficial algunos líderes mueven a la gente de un lado a otro como si fueran ganado. No están tratando de hacer nada más profundo porque no les interesa lo profundo. Su objetivo es simplemente conseguir que la gente haga cosas: ir a un lugar, comprar un producto, firmar un contrato, asistir a una reunión, donar algo de dinero.

Una forma más profunda de liderazgo explora bajo la superficie de las cosas. Busca comprender las motivaciones, los valores y la identidad. Es liderazgo por influencia, que aprovecha las corrientes de influencia de Dios. Las formas más profundas de influencia reconocen la naturaleza espiritual de los seres humanos y buscan impactar a las personas, grupos y organizaciones en ese núcleo central donde suceden los cambios reales. Este liderazgo se da cuenta de lo profundo que fluye de Dios y que puede fluir hacia los demás a través de nosotros.

Estas son las clases de decisiones que podemos tomar: ¿simplemente vender un producto o difundir un recurso que promueve la prosperidad humana? ¿Meter unos cuerpos en una sala o desarrollar una comunidad? ¿Hacerte famoso o ser influyente? ¿Hacer que la gente te admire o guiarles para que aprecien a Dios?

Parte 4

ENFRENTANDO LOS DESAFÍOS

Capítulo 15

MANEJAR LAS EXPECTATIVAS

No rebajes tus expectativas. Sal ahí fuera y haz algo extraordinario.

—*Wendy Wasserstein*

Hacía seis meses que Tom se había mudado a más de mil quinientos kilómetros de distancia para un nuevo trabajo que parecía encajar perfectamente con sus cualidades, formación e intereses. Las entrevistas habían ido bien. La compensación estaba bien. Pero a los seis meses Tom se sentía tenso por su trabajo, y más aún por sus relaciones tanto con sus superiores como con las personas a su cargo. Todo seguía luciendo bien sobre el papel: era en las sutilezas que no estaban escritas donde residía el desafío, en particular, en las expectativas que tenían de él tanto de arriba como de abajo.

El jefe de Tom era rápido en corregirle cuando hacía algo mal, pero siempre era impreciso acerca de lo que estaba haciendo bien. Resultaba incómodo preguntarle al jefe por una valoración y una evaluación porque se sentía como si estuviera buscando aprobación, pero, sinceramente, no sabía si iba o no en buen camino. También luchaba con las expectativas de la gente a su cargo. Cada persona quería una cosa completamente distinta: uno estaba siempre inseguro y buscaba afirmación; otro era un creído y mantenía la distancia de seguridad. Aquellos que llevaban años trabajando allí parecían estar escrutando cada mínimo movimiento de Tom, casi como si estuvieran decidiendo si pasaba o no la prueba. Una persona estaba en una crisis familiar y faltaba al trabajo a menudo. Otra venía a él con sus problemas personales buscando consejo que nada tenía que ver con el trabajo.

Cuando Tom apoyaba la cabeza en la almohada por las noches y cerraba los ojos, veía las caras de su jefe y de su equipo mirándole fijamente, esperando que dijera algo que ellos pudieran aprobar. Tom era consciente de que gran parte se lo estaba imaginando, y que si no encontraba un modo de manejar las expectativas de la gente, iba a fracasar en su trabajo.

El título de este capítulo puede ser engañoso. Realmente no podemos manejar las expectativas. Esto es: a la larga no podemos controlar las expectativas que tienen los demás de nosotros, ni debería ser nuestra mayor prioridad. No importa cuánto lo intentemos, todas las personas de nuestro alrededor tienen razones personales por las que esperan ciertas cosas de nosotros, o tienen expectativas demasiado pequeñas. Un líder puede agotarse tratando de manejar las expectativas de los demás: observar, escuchar, reaccionar, explicar, disculparse, bailar, tomar medidas, escuchar a escondidas, probar, disculparse de nuevo, bailar otra vez. Saltar por los aros: los grandes, los pequeños, a veces altos, a veces bajos, a veces en llamas.

Actuar según las expectativas de los demás puede drenar nuestra energía y distraer nuestra atención. El problema es que las diferentes personas que tienen expectativas sobre un líder no saben nada de las expectativas que los demás tienen sobre ese mismo líder. Solo saben lo que ellos quieren, y son normalmente ajenos a los tira y afloja que vienen de otros rincones. Lo peor de todo es que nos perdemos lo más importante: las expectativas que Dios tiene de nosotros.

Por otro lado, todos los líderes deben rendir cuentas a alguien. No deberíamos pensar que podemos o debemos eludir todas las expectativas. Si no tenemos una líneas adecuadas y razonables de responsabilidad, entonces nuestra única guía serán las expectativas que nos pongamos nosotros mismos, y no deberíamos fiarnos tanto de nosotros mismos.

Por qué las expectativas son complicadas

He aquí algunas de las razones por las que batallamos con el tema de las expectativas.

La gente a la que servimos o lideramos tiene expectativas que a menudo son subjetivas. Nos ven desde su perspectiva, lo que siempre es un punto de vista parcial. Un cónyuge tiene ciertas expectativas, que serán diferentes de las que tengan los hijos. El jefe tiene ciertas expectativas, que puede que sean muy diferentes de las que tenía el jefe anterior o incluso el anterior a este. El electorado al que servimos tiene muchas posibles expectativas, y existen subgrupos en estos electorados que varían grandemente en lo que esperan. Todos los que forman parte de nuestra vida tienen una convicción, en otras palabras, de lo que deberíamos ser y hacer. No podemos esperar complacerlos a todos del mismo modo.

A menudo las expectativas son arbitrarias, y surgen de la simple opinión o del capricho. Mucha gente tiene opiniones simplemente porque las tienen. Todas las opiniones son juicios, incluso aunque no lo veamos de ese modo cuando las expresamos. La visibilidad de los líderes conlleva que estén bajo una continua lluvia de juicios.

Las expectativas son recíprocas. Los líderes tienen que lidiar con las expectativas de los demás mientras ellos mismos también imponen sus expectativas sobre ellos, porque eso es parte de la tarea. Si somos subjetivos y arbitrarios en las expectativas que les imponemos a los demás, difícilmente podremos quejarnos cuando los otros pongan las suyas sobre nosotros. La solución es procurar de todas las maneras posibles discernir lo que Dios espera y comunicárselo a la gente que lideramos. La influencia espiritual puede salvarnos, en otras palabras, de los enredos que escapan a nuestro control, porque el objetivo siempre será discernir la voluntad de Dios. No importa nada más.

La gente supone que tiene derecho a tener expectativas. Solo los más maduros reflexionan sobre las expectativas que tienen en los demás. Examinan con cautela lo que es razonable, buscan comprender a la otra persona y no suponen que necesariamente tienen el derecho de imponer expectativas. ¡Qué fácil sería nuestra vida si dejáramos de jugar a ser Dios en nuestras evaluaciones y expectativas de los demás! Esta clase de sabiduría es poco frecuente. Es generosa y paciente. Lo más común es que las personas se miren unas a otras con la actitud: «¿Qué has hecho tú por mí últimamente?». Y ni siquiera se están dando cuenta de que están siendo impertinentes. Solo escudriñan y escrutan, pesan y miden... y después hablan indiscretamente con los demás acerca de sus evaluaciones.

Las raíces de la expectativa están asidas en lo profundo de la cultura. Mucha gente no reflexiona sobre las expectativas que tienen de los demás; solo esperan. Y mucha gente no se da cuenta de que sus expectativas se definen por regla general por lo que les resulta normal en su cultura. Los gerentes japoneses tienen expectativas diferentes de los gerentes de organizaciones en Francia. Las expectativas que se colocan sobre los maestros de escuela pública son diferentes a las que se emplazan sobre los de la escuela privada. Los pastores de las iglesias más pequeñas se encuentran con expectativas diferentes a las que experimentan los pastores de megaiglesias (y un escenario más pequeño no significa necesariamente que las expectativas sean más fáciles de satisfacer).

Las expectativas también se enclavan en los patrones de vida personales que hemos aprendido. La persona que creció junto a uno o dos padres controladores puede que reaccione desechando todas las expectativas que tiene de los demás o convirtiéndose a su vez en personas controladoras, haciéndoles tragar a los demás la misma medicina amarga que le hicieron tragar a él.

¡Manejar las expectativas es un desafío! De ahí viene este viejo dicho: «Un líder debe tener la mente de un sabio, el corazón de un niño y la piel de un rinoceronte». Algunos líderes tienen que lidiar con las expectativas de diez personas, otros con las de cien, mil o, para líderes nacionales, millones. Esas fuerzas son potentes. Siempre tenemos que estar caminando sobre la delgada línea entre ser extremadamente sensibles a las expectativas o ser indiferentes o impasibles.

Darle la vuelta a las expectativas

Demasiado a menudo la vida se convierte en un cruel tira y afloja de expectativas y control. Algunas personas influyentes piensan que la misión de su trabajo es controlar e imponer expectativas de acuerdo con ello. La gente más sabia sabe que motivar a la gente hacia los logros que concuerdan con lo que ellos son es un propósito más elevado. Pero los influyentes más sabios de todos son los que creen que es su deber ayudar a que la gente viva de acuerdo con el llamado de Dios y con las expectativas a las que Dios les emplaza. Esto es una inversión completa de la dinámica normal de las expectativas. Pasa del «¿Qué has hecho tú por mí últimamente?» al «¿Qué quiere Dios que hagas en el futuro?». La gente que se compromete al llamado celestial hacen lo mejor en la tierra. Cuando guiamos a la gente hacia la voluntad de Dios, y no a la nuestra, tendrán una motivación mayor para hacer sus tareas a fondo, de forma fiable y eficaz. Cuando la gente simplemente trabaja para complacer al jefe, la realización nunca va más allá de la imaginación del jefe. Cuando trabajan de un modo que complace a Dios, el resultado puede superar todas las expectativas.

¿Pero cómo lo hacemos? ¿Cómo le damos la vuelta a las expectativas para que estemos únicamente enfocados en las de Dios, sin ser ultraespirituales de forma artificial?

¿Qué hacemos con la realidad de que algunas personas esperen demasiado de nosotros, otras muy poco, y otras simplemente esperen cosas equivocadas? Ajustar las expectativas es un proceso continuo y necesario. He aquí algunas formas de hacerlo.

De vez en cuando permite que la gente conozca lo que tú crees que Dios quiere que hagas. Con esto se supone, claro está, que has hecho todo lo que está en tu mano para discernir lo que es. Has examinado tu corazón, has orado, leído la Escritura, has buscando el consejo de gente sabia, has conversado con personas ante las que eres responsable y has recibido su afirmación, has evaluado tu estilo de vida y muchas cosas más. Así que llegas a la gente a la que estás tratando de influenciar y les dices cuáles son tus propósitos, y algo del proceso de como has llegado a ellos. Al hacerlo, estás sentando el precedente de cómo los demás pueden ponderar sus prioridades.

Promete menos y cumple más. Pocas cosas hay más desalentadoras para la gente que líderes que hacen promesas, sueltan el gran discurso, hacen que la gente se entusiasme... y entonces no cumplen nada. Como dice el aforismo: «El infierno está empedrado de buenas intenciones». Los influyentes sabios resisten la tentación de inflar a la gente con un gran discurso (como si eso por sí solo alguna vez consiguiera algo). Prometen solo lo que pueden cumplir, y después tratan de satisfacer el doble de lo que primeramente prometieron. Es sorprendente cómo reacciona la gente cuando reciben de sus líderes más de lo que hubieran esperado.

Responde de un modo oportuno. Si no te ves capaz de responder unos correos electrónicos, dilo. Si no puedes asistir a una comida de homenaje, envía tus disculpas inmediatamente. Nunca ignores una nota de «Confirmar asistencia». Decir que «no» no es irrespetuoso; ignorar a la gente lo es.

Dile a la gente lo que no deben esperar. Si les dices que hay una docena de cosas diferentes que puedes hacer, pero sabes que hay tres cosas principales que debes hacer, y que te centrarás en ellas, normalmente la gente lo entenderá. La gente respeta la intencionalidad. Esto supone, por supuesto, que no te estás centrando simplemente en lo que te gusta o en lo que te resulta más fácil.

Adáptate y comunica. Las expectativas de Dios para nosotros cambiarán con el tiempo. Necesitamos revisar nuestra actitud regularmente. Y cuando ajustemos las prioridades de nuestro trabajo, necesitamos comunicárselo a la gente a la que estamos influenciando para que ellos no se confundan ni se frustren porque se hayan reestructurado las cosas y nadie se lo haya dicho.

Habla del tema de la expectativa con tu familia. Uno de los mayores puntos de tensión a los que nos enfrentaremos es el tira y afloja entre el trabajo y la vida familiar. Este tema requiere una gestión continua. Y todas las cuestiones tienen que estar sobre la mesa. Necesitamos desarrollar y después atender las expectativas de los miembros de nuestra familia. Tenemos un mandato de las Escrituras de cuidar de nuestra casa, porque ser negligentes invalidaría cualquier influencia que ejerciéramos fuera de nuestra familia (Tit 1.6; 1 Ti 2.4–5). Es justo que las familias digan: sabemos que tu trabajo exige mucho, y sabemos que puede que siempre tengas en la cabeza los temas con los que tratas, pero en lo que sea humanamente posible, cuando estés con nosotros, está con nosotros. No nos prestes tu cuerpo simplemente mientras tu mente se encuentra en un lugar completamente diferente.

¿Qué pide Dios?

Las únicas expectativas que importan, al final, son las de Dios. Si vivimos de acuerdo con ellas, con la ayuda de Dios, satisfaremos todas las expectativas razonables que tengan los demás. Pero antes de pensar en todas las pequeñas prioridades pragmáticas en las que tenemos que centrarnos, debemos comenzar con las expectativas globales. Como dijo el profeta Miqueas: «Oh hombre, él te ha declarado lo que es bueno, y qué pide Jehová de ti: solamente hacer justicia, y amar misericordia, y humillarte ante tu Dios» (Mi 6.8). Dios nos ha mostrado lo que es bueno. No nos ha dejado a oscuras. No necesitamos inventar o reinventar la misión de Dios. El principio de todas las cosas (Génesis 1) es «bueno» y «muy bueno». El final de todas las cosas es una nueva creación en la que Dios hace todas las cosas nuevas. En medio, la influencia espiritual debe centrarse en aquello que el Dios que es todo bondad llama bueno. Él «exige» esas cosas no solo por decreto, sino porque es así como Dios restaura específicamente el mundo a su orden correcto.

Examinamos Miqueas 6.8 en un capítulo anterior, pero apliquémoslo al asunto de las expectativas de Dios:

Haz justicia. La palabra *justicia* aparece unas cuatrocientas veces en el Antiguo Testamento. Justicia es cuando las cosas están bien, o cuando se establecen bien. Justicia es el acto de enfrentar el caos y traer orden. Eso significa defender a los oprimidos o a aquellos de los que se han aprovechado, enseñar acerca de la vida ordenada por Dios, aconsejar a aquellos cuyas vidas estén desordenadas, guiar a la gente que se encuentra confusa moralmente, analizar las injusticias, promover la verdad. La justicia es paz, seguridad y vida. La aplicación para los líderes es simple: actúa con justicia. Eso significa hacerlo, no solo hablar de ello. La gente se inspira cuando ve líderes que se conducen por un sentido de justicia y que respetan en ellos mismos sus requisitos. Aprecian especialmente a los que son imparciales y ecuánimes. Buscan personas suficientemente atrevidas para ser defensores de la justicia.

Ama la misericordia. La palabra hebrea *hesed* se ha traducido como amor, bondad, gracia. Es una descripción central de la naturaleza de Dios en el Antiguo Testamento. «¡Jehová! ¡Jehová! fuerte, misericordioso y piadoso; tardo para la ira, y grande en misericordia y verdad; que guarda misericordia a millares, que perdona la iniquidad, la rebelión y el pecado, y que de ningún modo tendrá por inocente al malvado» (Éx 34.6–7). Si seguimos las expectativas de Dios en cuanto a esto, seremos pacientes y perdonaremos los defectos y manías de los miembros de la familia, criaremos a nuestros niños con misericordia (junto con justicia), le daremos a la gente una segunda oportunidad, responderemos a los desfavorecidos que necesitan un defensor. Pero Miqueas 6.8 va más allá de los actos ocasionales de misericordia; dice que «amemos la misericordia». Necesitamos ir buscando oportunidades para mostrar misericordia, no solo llevarla a cabo cuando surja una necesidad. Ahora bien, habrá gente que nos advierta que no debemos ser demasiado misericordiosos. Les preocupa que seamos débiles, o que fomentemos la dependencia, o que apartemos los ojos del trabajo que hay que hacer. Pero el trabajo es este: hacer justicia, amar la misericordia. Es imposible ser demasiado misericordiosos si estamos completamente comprometidos con la justicia. La justicia previene que la misericordia se convierta en permisividad (que no es más que pereza moral). Y la misericordia hace humana la justicia, manteniéndola enraizada en la naturaleza llena de gracia de Dios.

Humíllate ante Dios. La influencia espiritual no puede ocurrir sin humildad. Esta pequeña frase —que en el original hebreo viene a ser «andar humildemente con Dios»— ofrece una gran imagen del significado de la humildad. Es caminar, es decir, un estilo de vida, postura y movimiento hacia delante. Según «andamos», la humildad es una cadena continua de oportunidades en la vida. Cada actitud, cada decisión, cada conversación. Cada relación, cada correo electrónico, cada compra. Y la humildad se define por la relación con Dios: andar humildemente con Dios. Tenemos una maravillosa claridad en esto: si caminamos con Dios, esto es, con una continua consciencia de la presencia y la autoridad de Dios en cada área de la vida, entonces tendremos todas las razones para no fingir que somos Dios... y eso es exactamente la humildad. La humildad incluye admitir los errores y pecados, pero es más que eso. Significa vivir tal como fuimos diseñados. Si la humanidad nunca hubiera pecado, todavía seguiría siendo humilde. Cuando caminamos humildemente con Dios, simplemente estamos siendo lo que somos.

Al final, es posible superar las expectativas que los demás tienen de nosotros, pero solamente llegaremos ahí obsesionándonos con las expectativas de Dios.

Capítulo 16

PERSEVERAR E IR CON CALMA

Dios conoce nuestra situación; él no nos juzgará como
si no tuviéramos dificultades que superar. Lo que
importa es la sinceridad y la perseverancia de nuestra
voluntad para superarlas.

—*C. S. Lewis*

Era una tarde luminosa en el desierto en el norte de Chile y todo
parecía normal cuando ocurrió el desastre en lo profundo de la tierra. Había treinta y tres mineros a 720 metros bajo la faz de la tierra,
con casi cinco kilómetros de túneles serpenteantes en medio, cuando
el pozo de la mina se derrumbó. Nadie sabía si los mineros habían
sobrevivido o no. Diecisiete días después se extrajo una sonda inser-
tada en la cavidad de la mina que tenía una nota adjunta: «Estamos
bien... los 33».

La triste realidad de la situación era que, aunque la compañía
minera comenzara a perforar un pozo de escape para los mineros, el
proceso no llevaría días o semanas, sino meses. Los hombres tenían
comida y agua de emergencia para varios días. Parecía una situación

perdida. Pero hacer nada no era una opción. La compañía minera comenzó a perforar agujeros de quince centímetros de ancho, lo suficiente para poder bajar hasta la caverna agua y comida; y después comenzó a montar un gran equipo para excavar un agujero lo suficientemente grande para hacer bajar una cápsula de cincuenta y un centímetros de ancho hasta los hombres. Se estimó que a esta perforación de gran calibre le llevaría meses alcanzar a los mineros. Meses. Los expertos de la superficie lo sabían; los hombres que vivían en el aire viciado y la oscuridad total tan bajo tierra lo sabían.

El modo en que los rescatadores trabajaron fue taladrando la roca. Centímetro a centímetro. Día a día. El modo en que los mineros sobrevivieron fue viviendo de día en día, aunque los «días» en la oscuridad no se pueden medir. Permanecieron juntos como grupo, repartiéndose las responsabilidades. Uno de los mineros, Luis Urzua, pronto surgió como el líder del grupo. Su cabeza fría y buen humor mantuvieron con un espíritu adecuado a los hombres y con la mente puesta en las tareas de supervivencia. Más tarde se le atribuyeron la mayoría de decisiones para mantener la moral alta. «Solamente tienes que decir la verdad y creer en la democracia», dijo.

Después de sesenta y nueve días del derrumbe de la mina, los treinta y tres mineros fueron sacados, uno a uno, en una estrecha cápsula. La crisis empezó a principios de agosto. Ahora eran los comienzos de octubre. No habrían sobrevivido físicamente si no hubieran perseverado espiritualmente. Les hacían bajar cruces, Biblias y artículos devocionales. Casi todos vieron su rescate como una acción de Dios. Pero tuvieron que esperar —muchos días, muchas semanas— y perseverar.

No solemos usar la palabra *perseverancia* muy a menudo. Quizá porque contiene la palabra *severa* dentro de sí. O tal vez porque parece un poco anticuada, como la Biblia Reina Valera antigua. No hay duda de que otras palabras nos salen con más facilidad, como *ganancia, éxito, meta.* Pero este es el mandato bíblico: perseverar.

Los mejores influyentes saben cómo perseverar. Ya sea que conozcan o no la duración del esfuerzo, las vicisitudes que tengan por delante, la distancia hasta la línea de meta —o incluso si no hay línea de meta—, ellos siguen adelante. Un pie detrás de otro. Progresando de centímetro en centímetro. Cada día una nueva oportunidad para comenzar. La gente que persevera mantiene la convicción de que ir con calma complace a Dios, incluso cuando no hay aplausos ni recompensa inmediata.

Modelar la perseverancia es una de las formas más poderosas de la influencia espiritual. La gente mira a aquellos que siguen adelante en las mismas fauces de la adversidad, que mantienen la fe cuando están decepcionados con la vida, que conservan la integridad cuando son maltratados. ¿Por qué? Porque la mayoría de la gente ha suplicado en algún momento: «Alguien allá afuera, por favor, muéstreme cómo puedo superar esto». La gente que persevera son los influyentes, los verdaderos líderes, incluso aunque no tengan el título de liderazgo oficial.

La mayoría de nosotros nos hemos pillado los dedos en la famosa frase al comienzo de la epístola de Santiago: «Hermanos míos, tened por sumo gozo cuando os halléis en diversas pruebas» (Stg 1.2). Parecería razonable que las Escrituras asociaran la fe y el valor con las dificultades... ¿pero gozo? ¿Sumo gozo?

Socavamos el gozo en nuestras vidas si pensamos que es la misma cosa que el placer o la felicidad. El gozo no es lo mismo que el disfrute. El gozo mantiene a los padres andando con constancia durante los difíciles años de maduración de un hijo, incluso cuando el disfrute viene en pequeños sorbos. El gozo viene de una profunda convicción interna de que hacer lo que haces —enseñar, aconsejar, dirigir una organización, liderar un pequeño grupo— es bueno a los ojos de Dios, es lo que se ajusta a tus capacidades y merece la pena aunque se tarde mucho en acumular logros. Pero está bien, porque los mejores resultados se construyen despacio y con pausa. Los templos no florecen de la noche a la mañana. No existe la prefabricación en el trabajo de Dios. El gozo es capaz de superar las pruebas sin ambages porque insufla esperanza.

Santiago nos dice: «Hermanos míos, tened por sumo gozo cuando os halléis en diversas pruebas, sabiendo que la prueba de vuestra fe produce paciencia. Mas tenga la paciencia su obra completa, para que seáis perfectos y cabales, sin que os falte cosa alguna» (Stg 1.2–4).

Las pruebas producen carácter. Esto es, si perseveramos en las pruebas. Si en el momento en que las cosas se ponen complicadas nos desviamos del objetivo apropiado o nos damos la vuelta y corremos en la otra dirección, entonces no solo habremos abandonado el trabajo, sino que habremos perdido la oportunidad de crecer como líderes. Necesitamos resistencia, de vez en cuando necesitamos un pretexto para volar y las herramientas para trabajar duro. El único modo de cambiar el statu quo es crear un poco de desorden. Ahora bien, a veces la resistencia significa que es tiempo de cambiar la dirección. La perseverancia no es solo testarudez, sin embargo, ni empujar un muro de ladrillo. Es mantener el rumbo cuando sabemos que es el rumbo correcto, aunque sea difícil.

Perseverancia es tesón, resistencia, constancia, persistencia, aguante. El objetivo de la perseverancia es la esperanza, el vehículo la fe y el motivo el amor. A esta famosa tríada de 1 Corintios 13 (y otros pasajes) se le llama las cosas que «permanecen» (1 Co 13.13). El amor «todo lo sufre, todo lo cree, todo lo espera, todo lo soporta» (13.7).

Hay razones —a veces razones de vida o muerte— por las cuales debemos ejercitar la habilidad de perseverar. Simplemente, debemos. Hay algunas circunstancias en las que Dios quiere hacer algo principal mediante un líder: perseverar. Ayudar a otros a que no abandonen porque ven un líder que no abandona.

La palabra *prueba* en este pasaje de Santiago, repetida en otros lugares del Nuevo Testamento, es una palabra neutral. Depende del contexto en el que se use puede significar una dificultad que alguien está usando para hacer tropezar a otro (entiéndase «tentación») o un desafío que es una oportunidad para prevalecer (entiéndase «examen»). El Maligno tienta; Dios examina. Y a veces, cuando estamos en medio de pruebas, no sabemos de cuáles son. Y no hay tiempo para tratar de averiguarlo. Tirar para adelante y resistir es el orden del día.

¿Por qué algunas personas perseveran donde otras tiran la toalla y abandonan?

El valor para perseverar proviene de una inamovible convicción de que el propósito de uno está bien y que Dios está detrás de ello.

Esta convicción debe estar sustentada con humildad, sin embargo, porque de vez en cuando nuestras convicciones están fuera de lugar. Somos capaces de perseverar cuando estamos enfocados en las recompensas a largo plazo, no al corto. Cualquier esfuerzo puede surgir por delante en un momento dado o disminuir considerablemente. Las guerras se ganan perseverando tras las batallas perdidas. Cuando sabemos que el objetivo final es bueno, y cuando somos realistas acerca del ascenso y la caída del viaje para llegar allí, podemos seguir adelante.

Nuestra mejor oportunidad para perseverar es cuando el verdadero horizonte en el que estamos centrados es el mismo cielo. No es solo teoría o un cliché. Realmente podemos tener una calidad de vida y una influencia completamente diferente si nuestro deseo más profundo es escuchar un día de Jesús: «Bien, buen siervo y fiel». La pregunta del día no es si tenemos la vista demasiado baja o demasiado alta en lo que se refiere a nuestros objetivos. Hay una única vista que traerá orden a toda nuestra vida y trabajo: la visión de Cristo sentado a la derecha de Dios el Padre, gobernando con toda justicia y misericordia. Nuestra influencia solamente significa algo si está trazada junto a esa trayectoria, y nuestro trabajo en última instancia conduzca a la gente a ese mismo fin.

Es más probable que perseveremos cuando creemos completamente en la soberanía de Dios. Es un alivio saber que a Dios no le hacen temblar nuestros errores, pero esto es tan importante como recordar que a Dios no le sorprenden nuestros éxitos. Él conoce nuestras capacidades, porque él las ha hecho. Dios sabe que a veces tendremos éxito y que en otras ocasiones fracasaremos.

Es más probable que perseveremos cuando no estemos esperando adulación, felicitaciones o ascensos. Desde el momento en que nos centramos en impresionar a los demás, nuestra atención se desvía de la fiel terminación de la tarea que tengamos entre manos.

Perseveraremos cuando hagamos una cosa cada vez, especialmente cuando estemos en una temporada de duras pruebas. Dios no quiere que vivamos en el pasado, y es imposible vivir en el futuro. El momento presente es donde podemos disponer las opciones y escoger aquellas que harán de este un día productivo y bueno.

«Puedo ir despacio»

William Carey empezó con entusiasmo su trabajo misionero de romper barreras en India en 1798. Requirió perseverancia poder construir conexiones culturales donde nadie lo había hecho antes. Aprender las lenguas indígenas, escribir e imprimir gramáticas y diccionarios, traducir la Biblia al sánscrito.

En un solo día, el 11 de marzo de 1812, su trabajo de años se desvaneció. Un incendio en la imprenta de Carey consumió toda su biblioteca, incluyendo su completo diccionario de sánscrito, parte de su diccionario de bengalí, dos libros de gramática y diez traducciones de la Biblia. También perdió una gran cantidad de papeles, diccionarios, obras y libros de contabilidad en inglés. Habían desaparecido diecisiete años de trabajo. Los logros principales de la misión habían desaparecido.

Años atrás, William Carey trató de explicar a su escéptico padre que tenía algo constructivo que hacer en la lejana India. Nadie había hecho esa clase de trabajo antes, por eso a Carey se le llama «el padre de las misiones modernas». No podía decirle a su padre en aquel momento que practicaría la medicina, porque no era médico. No podía decir que serviría para las necesidades políticas de India, porque no tenía experiencia en cuestiones civiles. Pero Carey conocía una cosa de sí mismo que estaba arraigada en lo profundo de su normalidad. Dijo de sí mismo: «Puedo ir despacio».

Después del incendio, Carey sabía lo que había que hacer. A pesar del dolor y el desánimo, sabía que él y sus compañeros desandarían lo andado y comenzarían por la primera página del diccionario, de las gramáticas y de las traducciones de la Biblia. Y después la segunda página. Y la trayectoria estaba establecida. Carey dijo que era más sencillo recorrer un camino por segunda vez: y eso fue justo lo que hizo. Le llevó años, pero rehízo lo que el fuego había robado. Al final de la vida de Carey, la Biblia había sido producida en parte o entera en cuarenta y cuatro lenguas diferentes.

Podía ir despacio, y lo hizo. Un pie detrás de otro; una página tras otra.

Difícilmente cualquiera de nosotros pondríamos esto en nuestras credenciales: puedo ir despacio. Nadie en una entrevista de trabajo hoy en día, cuando se le pregunta acerca de sus capacidades, le diría al jefe: «Bueno, puedo ir despacio». Suena un poco pesado y feo cuando se dice. Sin embargo, en toda lectura justa de la Escritura se ve que los grandes líderes iban despacio. Moisés en una marcha que duró décadas. David huyendo de sus enemigos, escondiéndose en cavernas. Jesús caminando de un pueblo a otro. Pablo haciendo largos y enrevesados viajes, enfrentándose continuamente a los mismos celos, críticas y escepticismo, muchos de los cuales de sus compañeros líderes cristianos.

Son los que caminan con constancia lo que hacen que las cosas pasen. Se han enfrentado a «pruebas de todo tipo». Y cuando han aprendido perseverancia al no darse por vencidos, se hicieron más fuertes, más sabios y más enérgicos de lo que eran antes al mantener sus ojos en el horizonte correcto.

He aquí el secreto de la constancia, o la perseverancia: tienes fe en que si hoy das un paso en la trayectoria correcta, habrás hecho algo constructivo, y Dios se complace con ello.

«Sabiendo que la prueba de vuestra fe produce paciencia. Mas tenga la paciencia su obra completa, para que seáis perfectos y cabales, sin que os falte cosa alguna» (Stg 1.3–4).

La perseverancia hoy

Hoy nuestra cultura valora los resultados rápidos sobre la perseverancia (lo cual, al final, debilita drásticamente la cultura). La gente se deja llevar por el atractivo de las loterías y los esquemas piramidales. Los atletas toman esteroides, los estudiantes abusan de las anfetaminas, la comida rápida sustituye a las cenas caseras. Ponemos al mismo nivel una búsqueda en Internet que una investigación. En los negocios la gente se enfoca en los proyectos a corto plazo en vez de en las ganancias a largo plazo. Los líderes políticos ni siquiera piensan en comenzar a resolver los problemas que llevarán treinta años de trabajo cuando esos son exactamente los problemas en los que más necesitamos trabajar.

La influencia espiritual hoy es un movimiento contracultural porque supone que el mejor crecimiento es el orgánico y progresivo. El discipulado se desarrolla con el tiempo; el carácter se forma como respuesta a cientos de encuentros diferentes; el conocimiento de Dios no sale de la página de la Wikipedia.

En la influencia espiritual, estamos retando a la gente de muchas maneras a que frene, a que deje que la verdad se filtre, a que desarrolle muchas relaciones que produzcan muchas perspectivas diferentes. Eso no significa lentitud o inactividad, sino premeditación.

La perseverancia es una visión a largo término. El mejor trabajo que podemos hacer es tan importante, tan grande, tan visionario, que no se puede completar en una vida. Hay emprendedores que empiezan compañías que saben que tardarán años en construirse, hay activistas sociales que asumen causas como el hambre o las enfermedades sabiendo que no existe una solución total en el horizonte, pero que cualquier cosa buena que pase hoy es un bien. Hay pastores que saben que la renovación de las vidas de la gente nunca se completará en esta vida. Los mejores líderes aceptan esta paradoja y esta tensión: me comprometeré hoy a algo que nunca se completará en mi vida. ¿Pero por qué querría comprometerme con algo menos?

Los únicos objetivos finales dignos de aspiración son aquellos que no podemos alcanzar por nuestra cuenta.

«Es, pues, la fe la certeza de lo que se espera, la convicción de lo que no se ve». Ese es el impresionante comienzo de Hebreos 11 que después continúa con un catálogo de gigantes de la fe desde el Antiguo Testamento. Abraham y los demás que se mencionan están representados como gente que perseveró, incluso aunque el premio estuviera tras un largo camino, incluso más allá de su vida. «Conforme a la fe murieron todos éstos sin haber recibido lo prometido, sino mirándolo de lejos, y creyéndolo, y saludándolo, y confesando que eran extranjeros y peregrinos sobre la tierra» (Heb 11.13).

A veces, en vez de preguntar si nuestra visión es suficientemente grande, deberíamos preguntar: ¿está suficientemente lejos?

ESPERAR LAS HERIDAS

Es señal de un temperamento perverso y traicionero
herir el buen nombre de alguien cuando no tiene la
oportunidad de defenderse.

—*Juan Calvino*

Hay un término militar para los heridos provocados por los propios compañeros de armas. Ya sea un fuego de mortero perdido, un objetivo equivocado en una descarga de artillería o solo un rifle apuntando a la persona errada en medio de una batalla polvorienta, es el mayor insulto de la guerra. Se le llama «fuego amigo». Pero no hay nada de amigo en ello.

El fuego amigo en una batalla es una herida accidental de parte de los propios camaradas. Es una tragedia tener que decirlo o enfrentarse a ello: los líderes hieren a sus compañeros líderes. Sería bueno decir que siempre es sin querer, pero a veces es peor que eso. Incluso siendo sin querer, el extremo descuido con el que algunos líderes a veces hablan de otros líderes, o el modo en que los tratan, bien podría llamarse intencionado. Escondemos esta realidad, la mantenemos en silencio, pretendemos que no es verdad. Pero miles de líderes abandonan porque están heridos por sus compañeros, y aun así no hablamos de ello.

La peor clase de heridas

El apóstol Pablo no dudó en sus cartas al hablarle a la gente de sus heridas. En un breve pasaje enumera encarcelamientos, golpes innumerables, los infames treinta y nueve latigazos cinco veces, tres naufragios, flotar en el mar durante un día y una noche. Pablo se enfrentó a peligros de ladrones, de sus compatriotas y de los gentiles. Peligros en la ciudad, en los ríos, en el desierto. Y peligros de la gente que decían ser, pero que luego eran falsos en todas sus facetas. Insomnio, hambre, sed y exposición a los elementos, todos contribuyeron a su sufrimiento (ver 2 Co 11.23–27).

Pero de toda esa lista de pruebas, parece que Pablo se sentía más herido por sus compañeros creyentes. Escribió acerca de líderes que predicaban por envidia, incluso maliciosamente, para causarle angustia en prisión. Hubo una competición desde el mismo principio. Aquellos que pensaban que Pablo era arrogante, desdeñoso o estridente, en realidad saboreaban la oportunidad de predicar mientras Pablo estaba marginado. Herido. Profundamente herido.

Podemos sentir el dolor y la angustia de Pablo en la carta que se conoce como 2 Corintios, una de las cartas más apasionadas del Nuevo Testamento. En ella, Pablo escribe sobre las heridas que causó en su primera carta cuando recomendó una férrea disciplina contra un hombre descubierto en inmoralidad. Habla de su propia difícil relación con algunos miembros de la iglesia en Corinto. Sintió la mordedura de sus críticas: que no era un orador elocuente, que no era uno de los «superapóstoles» (2 Co 12.11). Pablo en realidad admite que temía pasar tiempo con ellos debido a las incipientes corrientes de desaprobación reinantes.

Adelantándose a otra visita, habla con honestidad: «Pues me temo que cuando llegue, no os halle tales como quiero, y yo sea hallado de vosotros cual no queréis; que haya entre vosotros contiendas, envidias, iras, divisiones, maledicencias, murmuraciones, soberbias, desórdenes; que cuando vuelva, me humille Dios entre vosotros, y quizá tenga que llorar por muchos de los que antes han pecado, y no se han arrepentido de la inmundicia y fornicación y lascivia que han cometido» (2 Co 12.20–21). El hombre que soportó una increíble angustia física de por vida admite que tiene miedo de venir junto a hermanos y hermanas críticos. Las heridas de la comunidad de creyentes son poderosas.

La relación de Pablo con la iglesia de Corinto fue dura, llena de conflictos desde el inicio hasta el final. Pero al acabar la carta, Pablo se queda con lo mejor: «La gracia del Señor Jesucristo, el amor de Dios, y la comunión del Espíritu Santo sean con todos vosotros» (2 Co 13.14). No son palabras vacías. Pablo se encontraba ante un complicado desafío de liderazgo: una iglesia local llena de problemas éticos, morales, teológicos y de adoración. Una relación cercana pero tensa con heridas en ambos frentes.

Aferrarse a Dios

El tono de Pablo es sincero, abierto y práctico. Va a visitar a los creyentes de Corinto, y va a sentarse y a tratar de arreglar las cosas. Espera lo mejor, pero está preparado para lo peor. Aunque, más importante aún, confía en que Dios es el líder: la gracia de Cristo, el amor del Padre, la *koinonia* del Espíritu Santo. En una larga vida tienes que esperar heridas. Es posible sobrevivir aferrándote a Dios.

Cuando estás herido, o cuando sabes que has herido a otros —ya sea que esas heridas estén aún sangrando o sean de hace mucho y conserven feas cicatrices—, Dios es nuestra única esperanza. No tenemos suficiente gracia, ni suficiente amor, y no tendremos el deseo a unirnos en un auténtico compañerismo, sin Dios.

Los daños que suceden entre creyentes son extremadamente desesperanzadores. Miles de líderes de iglesia, por ejemplo, abandonan cada año porque se desilusionan con el comportamiento de su comunidad. Los que son altamente competitivos a menudo no ven que sus ambiciones espirituales están tomando forma de competición entre líderes compañeros de un modo que desacredita la causa.

La predisposición y los prejuicios que se encuentran en el núcleo de quienes somos a menudo hacen palanca sobre nuestras acciones incluso cuando pensamos que ya los hemos superado. Una cosa es que un hombre diga que no es misógino; otra es deshacerse de cualquier prejuicio persistente contra las mujeres. Es fácil decir que uno no es racista, pero hay muchas maneras de mantener la distancia con gente de razas diferentes. Es algo común que los líderes digan que respetan a los que trabajan con lo pequeño y escondido, pero nuestra tendencia todavía es poner en el centro de atención a aquellos que trabajan en lo grande y ostentoso.

Podemos decir que existen múltiples estilos válidos de liderazgo, pero subconscientemente a menudo invalidamos a los líderes que hacen las cosas de forma diferente. Puede que invitemos a nuestro equipo solo a las personas cuyo estilo encaje con el nuestro.

Puede que digamos que creemos que «cuando somos débiles, entonces somos fuertes», pero tratamos a líderes débiles o heridos como si fueran defectuosos, y buscamos modos de deshacernos de ellos.

Es trágico pero cierto que a veces disparamos a los heridos. Alguien se siente agotado o deprimido, y aunque hay ofrecimientos de gracia y sanación, la comunidad en general invalida el papel del líder. Un líder comete un error y los demás dudan de la competencia global de la persona. Se hace obvio que un líder tiene deficiencias o una falta de conocimiento, y en vez de acercarse a él o ella para enseñarle, corregirle y aconsejarle, la gente no se molesta en tomar tiempo para ello.

Vivimos en una era desechable. Cámaras desechables, encendedores desechables, bolígrafos desechables, líderes desechables. Fabricamos electrodomésticos con una obsolescencia programada de solo unos años. No nos queremos molestar en reparar. Simplemente tiramos lo viejo y compramos uno nuevo.

Hoy en día existe una tendencia generalizada a pensar que si las cosas no funcionan es mejor simplemente buscar un nuevo líder. Es rápido; es decisivo; y es fácil (al menos al principio). La tragedia es que el objetivo global de la influencia espiritual es restaurar el orden caído diseñado originalmente por Dios. Dios no crea con obsolescencia programada, y él no dispara a los heridos. Cuando simplemente nos deshacemos de la gente, o tomamos las heridas y las hacemos más profundas, traicionamos nuestro llamado a ser agentes de sanidad, reconciliación y restauración.

Herir hoy

Algunas tendencias culturales nos hacen más propensos a herirnos unos a otros. Un modelo empresarial de liderazgo en el que el único valor sea incrementar los resultados finales será un sistema despiadado. Las compañías necesitan obtener un beneficio, pero ciertamente el sistema de valores puede ir más allá del beneficio. Si una organización valora la prosperidad humana tanto como el retorno de beneficios, no usará, abusará y se deshará de la gente imprudentemente.

El implacable ritmo de vida nos ha robado la paciencia y la capacidad de centrarnos en el crecimiento a largo plazo. Sentimos que simplemente no tenemos tiempo para trabajar con los heridos. Hacemos lo que un hospital nunca haría: poner a los heridos en la calle con una palmadita en la espalda y un «buena suerte».

Y luego está el problema de la comunicación de hoy en día. A veces nos falta moderación en lo que transmitimos con nuestras impresionantes herramientas de comunicación electrónica. Por alguna extraña razón las inhibiciones desaparecen cuando la gente teclea palabras en un correo electrónico subido de tono o en la entrada de un blog. (Y muchos han tenido un desagradable despertar cuando su correo acabó circulando o incluso de forma inadvertida enviado directamente a la persona que criticaban.) En nuestros instintos más primitivos sienta bien, cuando estamos enfadados o molestos, escribir un afilado correo electrónico, tuit o una entrada en un blog. Decimos cosas que nunca nos atreveríamos a decir si estuviéramos cara a cara con la persona con la que o de la que estamos hablando.

No nos sorprende que muchas voces estén pidiendo una vuelta a la civilización. El trabajo es tan grande y las apuestas tan altas que no podemos conservar todos los recursos posibles: especialmente los recursos humanos que se necesitan para traer redención y restauración a nuestras sociedades.

Muchos de nosotros hemos sido heridos, y muchos hemos herido a otros. Necesitamos la poderosa influencia de Dios para reajustar nuestros pensamientos, palabras y acciones. Si fuésemos sinceros con Dios, ¿qué diríamos de todo esto?

Señor Dios, creo que todos tenemos buenas intenciones, pero hemos hecho un lío con las cosas. Cuando la vida está tranquila miro a mi alrededor y me pregunto por qué hacemos las cosas más complicadas de lo que necesitan ser, por qué somos tan despreocupados, por qué no vemos el bienestar de las personas que nos rodean como algo que realmente te importa.

No hemos estado trabajando juntos. No nos hemos respetado. Somos culpables de compararnos, fingir y rechazarnos unos a otros. Estoy cansado de desperdiciar mi energía de ese modo. Me avergüenzo de cómo he herido a los demás; y estoy sangrando por cómo he sido herido.

Ayúdame a tener el valor de perdonar, y de pedir perdón a aquellos con los que me he equivocado. Ayúdame a ser paciente con las pequeñas cosas que me irritan. Dame una visión más ancha y más alta de lo que quieres conseguir a través de tu pueblo.

Llévate mis celos y reemplázalos por respeto.

Llévate mi amargura y concédeme tu paz.

Llévate mis heridas y sánalas.

Llévate mi irresponsabilidad y reemplázala por tu mansedumbre.

Señor, tu Palabra dice que nuestra lucha no es contra personas, sino contra los poderes de este mundo oscuro y contra las fuerzas espirituales que quieren destruir. Ayúdame a tomarme esto con seriedad. Ayúdame a creerlo. Y ayúdame —y a todas las personas con las que tengo el privilegio de servir— a ver el mal como el verdadero enemigo de la humanidad.

Señor, inúndame con tu verdad y tu gracia, y que después fluyan de mí.

Amén.

Capítulo 18

LIDIAR CON LAS CRÍTICAS

Puede que encuentres a cientos de criticones entre los
que se declaran cristianos; pero todas sus críticas no
conducirán ni una sola alma a Cristo.

—*Dwight L. Moody*

Lo sintió como un cuchillo rasgándole las tripas. Alojándose allí.
Rasgando más con cada movimiento... durante días, meses, incluso
años. Invisible para la gente. Invisible incluso para la persona que
la había apuñalado, porque no pensó que estaba haciendo otra cosa
que ser servicial y veraz ofreciendo una opinión sincera... a cualquiera que quisiera escucharla.

Para otra líder las críticas se sentían como pequeños dardos dimi-
nutos. No había un crítico principal. No había nadie apuñalando
maliciosamente por la espalda. Pero esta persona sintió que desde el
día en que tomó el cargo se había puesto una camiseta con la imagen
de una diana. Casi todos los que la rodeaban tenían una firme opinión personal acerca de aquello con lo que estaban de acuerdo y con
lo que no, y (lo más triste) lo que les gustaba y lo que les disgustaba

de ella. Los comentarios sobre ella eran continuos, y se amontonaban sobre ella.

Él era un joven activo e influyente que se había abierto camino fácilmente por medio del carisma y el encanto personal. La gente apenas se le resistía porque no querían interponerse en el camino de un ganador. El impulso de su influencia se convirtió en una fuerza de autojustificación, y así pasó a ser inconsciente de las críticas, incluyendo las constructivas. Para él la ecuación siempre era simple: o estás conmigo o estás contra mí. Decide si te subes o no al barco. Aquí las cosas se hacen como yo digo. Las críticas no eran un problema, sino que su *ausencia era* un problema, porque todo el discernimiento, la valoración y la crítica válidos estaban bloqueados. Y peor aún, el líder estaba implantando en los demás que ese era el modo efectivo de liderar: a toda máquina y sin compasión con la gente que se pone en medio.

No debería sorprendernos que manejar las críticas pueda ser extremadamente difícil. En el momento en que el líder es criticado debe discernir lo que los demás están discerniendo en él. Es un escalpelo encontrándose con un escalpelo. El don del discernimiento a veces se aplica a lo que llamamos «crítica constructiva». Pero cuando las personas son críticas destructivamente, el escalpelo se convierte en un puñal.

La palabra *crítica* viene de la raíz griega *krino*, que significa «cortar». Todos estamos bajo la crítica de Dios. «Porque la palabra de Dios es viva y eficaz, y más cortante que toda espada de dos filos; y penetra hasta partir el alma y el espíritu, las coyunturas y los tuétanos, y discierne los pensamientos y las intenciones del corazón» (Heb 4.12). Esto es buena crítica, un continuo proceso quirúrgico que corta lo malo y hace sitio para que lo bueno crezca.

El problema es que los seres humanos a menudo son pobres con la cirugía espiritual. El problema viene cuando la gente suelta críticas que no son necesarias en absoluto. Y el problema vuelve una y otra vez cuando la gente tiene una actitud general que solo puede describirse como «espíritu crítico».

Comprender la dinámica de la crítica

En vez de comprender la dinámica de la crítica, solemos reaccionar ante ella. Sin embargo, necesitamos endurecer nuestra piel, y uno de los mejores modos de conseguirlo es teniendo una comprensión madura, atenta y bíblica de por qué la gente critica.

A veces la gente critica a los líderes en su intento de discernir de quién deben fiarse. Todo el mundo se arriesga cuando confían en alguien que está ejerciendo influencia en sus vidas. ¿Qué pasa si el líder se equivoca? ¿O está desencaminado? ¿O es imprudente? ¿O tiene motivos incorrectos? ¿O está tratando se sacar partido? Todo el mundo se preocupa de cosas así porque todos han tenido malas experiencias con líderes. Así que no debería sorprendernos que la gente empuje y pinche y valore. No tendría que ser amenazante para un líder, que debería poder decir: «Comprendo por qué estás evaluándome. Sé que necesito ganarme tu confianza. Así que sigue adelante y discierne. Simplemente, no supongas lo peor mientras lo haces. Te diré esto de antemano: me equivocaré. Pero lo que todos necesitamos es trabajar juntos para arreglar los errores».

Otras veces la gente critica porque quieren sentirse superiores. La crítica puede ser un juego de poder. Simple y llanamente. Vigilar a la gente con una lupa no los hace más grandes; enfatiza su pequeñez (en relación con la persona que sujeta la lupa). Así que la gente critica. Examinan y sondean. Se sienten poderosos al hacerlo, o protegidos de ser dominados. A veces los líderes han establecido ese patrón. Su modo de liderar no es el servicio sino el escrutinio. La historia de relaciones tortuosas basadas en ciclos de crítica mutua se puede contar de muchas maneras, pero no es más que una serie de juegos de poder.

La gente critica cuando está buscando la verdad. Después del memorando, del discurso, o del sermón, buscan eliminar la retórica y la afectación. Tratan de desandar lo andado. Investigan la realidad. Quieren saber la verdad. La crítica sana es un modo de llegar a la realidad. Por eso es que apoyamos a los críticos profesionales: de cine, gastronómicos, inspectores de carnes, directores de control de calidad, profetas.

A veces la gente critica porque no tienen nada mejor que hacer. El aburrimiento es una de las razones más vergonzosas para la crítica. La ociosidad engendra el chismorreo, y el chismorreo, como un parásito, busca un huésped al que agarrarse. La gente que ha permitido que sus vidas no traten de nada siempre estará haciendo que sus vidas traten de otra persona.

La gente critica cuando cree que los líderes no están cumpliendo con sus necesidades y expectativas. Dado el estado voluble de la naturaleza humana, con frecuencia miramos a los demás y preguntamos: «¿Qué has hecho tú por mí últimamente?». Esto es así especialmente para las expectativas que la gente tiene de sus líderes. Algunos altruistas aplauden a sus líderes cuando hacen lo correcto, incluso aunque implique un coste y un sacrificio para todos. Pero los líderes sabios siempre tienen en mente que las reacciones de la gente en su nivel más básico siempre tienen que ver con el interés propio.

Hay otros ejemplos, pero lo principal es esto: no debemos perturbarnos o escandalizarnos cuando nos topemos con la crítica. Son gajes del oficio. La gente que no puede aguantar ninguna crítica no debería estar en posiciones de influencia. El patrón en zigzag de la crítica, la reacción y la reacción a la reacción es un problema para todos. Compensar excesivamente en vista de las críticas distorsiona el funcionamiento del líder. No deberíamos arrugarnos o acobardarnos cuando nos critiquen. Es necesaria una autovaloración formal, pero esta se construye a través del tiempo, como resultado de escuchar las voces de mucha gente de confianza que «habla la verdad en amor». Y lo que es más importante, en la influencia espiritual debemos creer con todo nuestro ser que solo importa la perspectiva que Dios tenga de nosotros. Puede que nos atemorice, pero «el principio de la sabiduría es el temor de Jehová» (Pr 1.7) —temor en el sentido de profundo respeto. Pero eso también nos libera. Los cuchillos y los dardos no importan. Puede que pinchen por un momento, pero después caerán al suelo. Agradecemos el escalpelo de Dios —el discernimiento y la crítica divinos— porque siempre arranca lo que está enfermo y nos permite sanar y ser más fuertes que antes.

La clave para lidiar con las críticas

Hace meses que no estás en casa. Has viajado por paisajes escarpados y los mares traicioneros te han llevado a una serie de destinos estratégicos. Has compartido tu mensaje infatigablemente, ganando conversos de uno en uno. Eres parte de un movimiento de verdad, galopando en la cresta de la ola. Eres la persona más visible allí en lo alto. Pero algunos dentro del movimiento han sido despiadadamente críticos. Han replicado tu mensaje, han buscado socavar tu reputación con las personas a las que has ayudado, e incluso cuestionan tus motivaciones. «Es un bala perdida. No tiene autoridad real. Solo lo hace por dinero». Las críticas vienen de los compañeros en la misma causa. No es crítica descuidada; es un conflicto interno.

Esa fue la experiencia real del apóstol Pablo. Mientras él derribaba fronteras en sus grandes viajes misioneros, sus críticos trataban de deshacer su trabajo minando su reputación en Jerusalén. Lo que mantuvo firme a Pablo fue una profunda mentalidad que le mantenía orientado de forma radical hacia la voluntad de Dios, a la vez que seguía siendo humilde en su concepto de sí mismo. Creía que su misión no debía adaptarse a las críticas, pero no debía estar tampoco seguro de sí mismo con arrogancia. Es una delgada línea.

Uno de los pasajes del Nuevo Testamento que todo líder cristiano debería conocer de memoria es 1 Corintios 4.1–5. Es la resolución centrada en el alma a la que Pablo llegó examinando sus esfuerzos, motivos y conciencia. Describe una mentalidad que puede mantenernos firmes frente a la crítica injusta, pero moldeables a la continua evaluación de Dios.

Así, pues, ténganos los hombres por servidores de Cristo, y administradores de los misterios de Dios. Ahora bien, se requiere de los administradores, que cada uno sea hallado fiel. Yo en muy poco tengo el ser juzgado por vosotros, o por tribunal humano; y ni aun yo me juzgo a mí mismo. Porque aunque de nada tengo mala conciencia, no por eso soy justificado; pero el que me juzga es el Señor. Así que, no juzguéis nada antes de tiempo, hasta que venga el Señor, el cual aclarará también lo oculto de las tinieblas, y manifestará las intenciones de los corazones; y entonces cada uno recibirá su alabanza de Dios.

—*1 Corintios 4.1–5*

Pablo llegó a esas conclusiones a través de mucho esfuerzo y sacrificio, y pueden ser los principios básicos para cualquiera que hoy en día sea llamado por Dios para ser una influencia.

La servidumbre, la confianza y la fidelidad son nuestro llamado (debemos ser considerados como «servidores de Cristo»). No nos debe importar demasiado cuando nos juzguen los demás («Yo en muy poco tengo el ser juzgado por vosotros, o por tribunal humano»). No debemos obsesionarnos con nosotros mismos («ni aun yo me juzgo a mí mismo»), y no debemos pensar que nuestra autoevaluación es infalible («aunque de nada tengo mala conciencia, no por eso soy justificado»). El juicio del Señor es lo que importa («no juzguéis nada antes de tiempo, hasta que venga el Señor»), cuando todo salga a la luz, incluyendo lo más escondido: los motivos («el cual aclarará también lo oculto de las tinieblas, y manifestará las intenciones de los corazones»). En el futuro comprenderemos lo que hicimos mal, pero también seremos alabados por un fiel servicio, aunque otros no lo hayan visto («entonces cada uno recibirá su alabanza de Dios»).

Una declaración como la de 1 Corintios 4.1–5 es un auténtico regalo de la gracia de Dios que nos libera del escrutinio a la vez que nos une a la guía divina. Es una mentalidad total. Es protección y es motivación.

Pasos prácticos para lidiar con las críticas

¿Qué puedes hacer cuando te das cuenta de que te están golpeando con críticas injustas?

Primero, evalúa tus reacciones personales cuando te critiquen. Seguir sangrando una semana después de saberlo solo empeora las cosas. Llámalo por su nombre. Háblalo con Dios. Háblalo con alguien de confianza. Si tu reacción es ira, reconócelo y trabaja con ello constructivamente. No saques tu ira con los demás.

No tomes una postura defensiva, especialmente en el momento de la crítica. Una respuesta con la cabeza fría desarma las críticas furibundas. Y una respuesta calmada te permite aceptar las críticas que son justas y precisas.

No te enzarces en una extensa discusión. Si te sientes como si tuvieras que cambiarle la mente a cada crítico, perderás energía y te arriesgarás al resentimiento. Puedes decir lo necesario y marcharte. La otra persona es responsable de sus propias opiniones.

Ofrece una respuesta fuerte, veraz e incluso agresiva si estás bien seguro de que la crítica está siendo destructiva. A veces los líderes necesitan proteger a otra gente (no solo a sí mismos) de la crítica rabiosa. Pero la respuesta no debe ser ojo por ojo. Ya hemos superado esa época.

Tómate tu tiempo para responder a la crítica. Puede que siente bien reaccionar verbalmente, incluso marcarte un tanto. Pero tu credibilidad como líder y tu eficacia en un conflicto dependen de tu respuesta cuidada, meditada y precisa. La precisión es la clave. En las situaciones dudosas, una respuesta escrita a veces ayuda porque estás «dejando constancia» de una forma objetiva. Escribe tu respuesta, sé conciso, pero espera veinticuatro horas antes de mandarla. Casi siempre terminarás queriendo revisar lo que has escrito o decidirás no mandar nada. Resiste la tentación de mandar copias a otras personas, que es una desafortunada técnica de correo electrónico que alguna gente utiliza para ganar puntos. El daño se multiplica cuando los líderes responden a las críticas de forma abrupta y descuidada, y luego eso pasa a los demás. Entonces la reacción a las críticas se convierte en el tema principal, y todo empieza a parecerse a un perro que se persigue la cola.

Comprende el origen de las críticas. Muchas críticas duras salen de su propio dolor personal. Cuando al líder le golpea un dardo en el pecho y tiene el carácter para sacarlo y preguntar con calma al crítico: «¿Por qué lo has hecho? ¿Qué está ocurriendo aquí?», existe una oportunidad para que la gracia y la verdad de Dios aborten la batalla antes siquiera de que comience. Es el mejor escenario, pero al menos merece el intento.

Usa a amigos de confianza y la voz de la Escritura para evaluar las críticas sobre asuntos importantes. Puede que llegues a la conclusión de que la crítica es injusta, o que, al revés, eso revele un verdadero problema. Muy a menudo concluyes que al menos hay una pizca de verdad en la crítica. La integridad requiere que aceptemos la verdad incluso cuando nos llega con unas ropas tan feas.

Aquí está la última observación acerca de lidiar con las críticas. Si hacemos cualquier trabajo que sea significativo —especialmente trabajo espiritual—, creará reacciones. Eso nos ayudará a redefinir la experiencia de la crítica. Podemos tomárnosla como una señal de que Dios nos ha permitido ser parte de algo importante, algo que mueve a la gente, algo que remueve las cosas y que a veces produce una impetuosa reacción de oposición.

Solo en caso de que estés en un lugar de la vida donde necesitas saber que no estás solo aguantando las críticas, piensa en esto: Jonathan Edwards es considerado por muchos como el teólogo más importante de Estados Unidos y la voz del Gran Despertar, el avivamiento espiritual más grande que haya conocido el país. Sin embargo, Edwards experimentó un abrupto final de su ministerio pastoral en Northampton, Massachusetts, cuando los miembros descontentos de su congregación votaron diez a uno para que se marchara. Winston Churchill, que lideró Gran Bretaña durante los oscuros días de Hitler, fue echado del cargo al año de haber terminado la II Guerra Mundial. Steve Jobs, un inventor cuyas innovaciones en muchas de las grandes industrias le han dado una categoría cercana a la de Thomas Edison, fue despedido por la junta de Apple Computer justo cuando estaba comenzando su revolución digital. Bien, cada una de esas circunstancias fueron complicadas, y las personalidades firmes fueron dominadas, pero ellos nos recuerdan que siempre habrá batallas en el liderazgo. Los críticos alzarán la voz, los que son criticados cavarán su trinchera y la visión general a menudo se oscurecerá.

Razón de más para cambiar el filo romo de la espada de la crítica por el afilado escalpelo del discernimiento... y pedirle a Dios que haga el trabajo.

Capítulo 19

CONSTRUIR LOS FRACASOS DEL PASADO

> El éxito consiste en ir de fracaso en fracaso sin perder
> el entusiasmo.
>
> —*Winston Churchill*

Aquella simple frase que llegó con interferencias por la señal de radio desde casi medio millón de kilómetros de distancia de la Tierra sonaba simple, casi rutinaria. «Houston, tenemos un problema». Los tres miembros de la tripulación del *Apollo 13* que rodeaban la luna sabían que algo no iba nada bien en su nave después de escuchar el sonido de una explosión y ver cómo las celdas de combustible generadoras de electricidad dejaban de funcionar. «Un problema» seguro. El alunizaje planeado se abortó y en su lugar iniciaron las medidas de emergencia para hacer volver su averiada embarcación de vuelta a la Tierra. Tres días después la cápsula caía en el Pacífico. La NASA llamó a la misión «un exitoso fracaso». El comandante James Lovell contó la historia en un libro con un triste título: *Lost Moon* [Luna perdida].

Otra frase que se escuchó desde la luna diez meses antes es igualmente memorable: «Houston, aquí Base Tranquilidad. El *Águila* ha alunizado». Neil Armstrong, comandante del *Apollo 11*, había controlado manualmente el alunizaje del vehículo sobre unas llanuras pedregosas hasta un posado seguro sobre la superficie lunar. Mucha gente en la Tierra estaba pendiente de aquel momento más que de ningún otro en la historia. Por primera vez, la emoción y la celebración irrumpieron por toda la humanidad. Dos hombres posando una caja metálica de patas de araña sobre otro cuerpo planetario era un éxito fuera de cualquier imaginación.

Uno un «éxito» y el otro un «fracaso exitoso».

Todavía décadas después del proyecto Apollo, una película contó la historia del «exitoso fracaso», *Apollo 13*, y consiguió un amplio reconocimiento. La película de Ron Howard contaba la historia interna de cómo tres hombres atrapados en una nave frágil y estrecha a cientos de miles de kilómetros de la Tierra fueron capaces de superar la falta de oxígeno, agua y electricidad y regresar renqueando a la Tierra. Improvisaron una peligrosa combustión de cohetes para ponerlos en la trayectoria correcta. Reconstruyeron sistemas mecánicos en la nave. Y docenas de jóvenes ingenieros, programadores informáticos, expertos en aeronáutica y demás, trabajaron juntos para seguir adelante con el fracaso de la nave espacial. No hay demasiada gente que hoy en día recuerde que en total hubo seis alunizajes exitosos del programa Apollo, y que doce hombres diferentes caminaron sobre la luna. Sin embargo, puede que sí recuerden algo del «exitoso fracaso».

El éxito no trata de evitar o negar el fracaso. Consiste en construir los errores del pasado. Si «éxito» significa poco si algo falla, entonces el único modo de lograrlo es no volver a intentar nada nuevo. Ciertamente nada atrevido o arriesgado.

El fracaso es inevitable

Puede que no queramos lidiar con el fracaso: solo centrarnos en un logro tras otro, no dejar que las decepciones nos distraigan y caminar hacia delante en la senda del mínimo esfuerzo. Pero eso no sería un buen liderazgo. Hay muchas razones por las cuales el fracaso no es del todo malo.

Admitirlo es vivir en la realidad. Los influyentes que viven con la fantasía de que nunca cometerán errores son simplemente ridículos. Lo tienen difícil para ganar credibilidad ante los ojos de los demás porque todo el mundo que los observa quiere aprender cómo superar sus propios fracasos.

Lidiar con el fracaso no es una distracción ocasional de nuestra misión; es la misión. El macrorrelato de la Escritura va desde la creación y la caída a la redención y la gloria. Vivir como lo hacemos ahora en la era de la redención significa que la vida es una batalla para suprimir el pecado, derrotar la ignorancia y restaurar las relaciones. Eso es construir los errores del pasado.

Superar el fracaso es la norma en todos los ejemplos bíblicos de liderazgo. Un joven Moisés mató a un hombre como un acto justiciero. David cometió adulterio y tuvo una vida familiar desastrosa. Salomón comenzó siendo sabio, pero acabó haciéndose adicto a su propio éxito. Elías el profeta se enfrentó a los profetas de Baal, pero huyó de una mujer colérica. Pedro negó a Jesús tres veces. En sus grandes viajes misioneros, Pablo experimentó un éxito tras otro, pero también tuvo largos periodos en los que nadie respondía, y tenía que pelear con las relaciones rotas con sus compañeros líderes cristianos a cada paso.

Además de estos y de cientos de otros ejemplos en la Escritura de luchar con el fracaso, existe una teología bíblica subyacente para ello, que da forma al propósito de la influencia espiritual. Somos criaturas rotas que viven en un mundo roto. La evidencia de ello es tan variada como la enfermedad, la guerra, el abuso de niños, el divorcio, la adicción, la injusticia económica y los terremotos. Frente a tales fuerzas el liderazgo humano es incompleto. Pero el creador del universo, por compasión, está en una campaña de restauración. Dios es la influencia; Dios es el líder. Él usa a las personas como sus instrumentos en esta gran campaña. Al dedicarnos a la tarea de la influencia espiritual, nos unimos a las batallas contra la ignorancia, el pecado y la injusticia. Y a lo largo del camino tendremos que lidiar con nuestros propios fracasos.

Diferentes clases de fracasos

Para pelear con nuestros fracasos necesitamos obtener una valoración honesta de lo que realmente significan. Diferentes tipos de fracasos precisan diferentes clases de respuestas.

¿Fue esto un fracaso accidental o deliberado? Sabemos que los errores desconocidos no son tan injustos como las trasgresiones completamente deliberadas. Así que siempre nos sentiremos tentados a describir nuestros fracasos como simples errores. Pero haremos bien en no utilizar nunca este tópico demasiado común: «Sé que no soy perfecto». Decir que somos menos que divinos difícilmente se puede considerar una valoración honesta del fracaso. La mayoría de la gente a nuestro alrededor ya se ha dado cuenta de que no somos Jesús.

Solo porque el fracaso sea accidental no significa que sus efectos sean pequeños. Un error presupuestario fruto de la inexperiencia puede llevar a una compañía a la bancarrota. Un poco de chismorreo «inocente» que se contagia puede ser la chispa que dé comienzo a incendio forestal. Una teología ingenua puede socavar la fortaleza del cuerpo de una iglesia.

La razón de que esta cuestión aún necesite tratarse —que los errores accidentales pueden conducir a problemas de gran calibre— es que batallamos con entender el equilibrio entre gracia y responsabilidad. Hay líderes muy perfeccionistas, pero también los hay que, bajo el amparo de la gracia, se encogen de hombros cuando cometen errores y se condenan a sí mismos a cometer más errores innecesarios en el futuro. Dios es paciente y perdonador (una verdad que quedó muy clara en las vidas de los líderes de la Biblia), pero si lo damos por supuesto, pondremos nuestro liderazgo en peligro.

¿Es un fallo puntual o de largo recorrido? El patrón importa. Si la gente más cercana a nosotros nos señala un error o un defecto, y es algo que ha salido muchas veces en el pasado, necesitamos atar cabos. Esto es importante: todos nosotros en algún momento nos haremos cargo de una tarea o responsabilidad que esté más allá de nuestras capacidades o dones. Nos quedaremos cortos. Podemos seguir intentándolo, pero los resultados no cambiarán si hemos llegado a un nivel fuera de nuestra competencia. La solución es que

traigamos los talentos de otra gente para influir en el asunto o abandonar el papel.

¿Es el fracaso moral o práctico? La moralidad es un conjunto de fronteras que oscilan radicalmente dependiendo de con quién hables. Es poco probable que la infidelidad marital le cueste su trabajo a un líder político en Francia. La corrupción y los sobornos son la norma en muchos países africanos. En Estados Unidos se cubren muchos pecados de avaricia en nombre del capitalismo. En el mundo del liderazgo, en otras palabras, pocas acciones se condenan universalmente como fallos morales.

La influencia espiritual es diferente. Uno de los objetivos centrales de la influencia espiritual es ayudar a que la gente que comprometa con Dios, su creador, para que el proceso en que son rehechos pueda suceder. Así que la moralidad es central. Y no consiste solo en una lista de cosas que se pueden o no se pueden hacer.

Una de las cuestiones más desgarradoras que se presenta a menudo es la inmoralidad sexual. Aunque mucha gente no cuestiona la inhabilitación de un líder que ha sido descubierto siendo descaradamente promiscuo, es otra historia cuando un líder ha tenido una relación sexual inapropiada esporádica. Cuando se descubre un fallo en la moralidad sexual, suele haber dos reacciones diferentes: el rechazo que nace de un sentimiento de traición personal o el perdón y la misericordia cuando hay una fuerte conexión personal.

Cuando estamos lidiando con una crisis moral, necesitamos ayudar a la gente a distinguir dos cuestiones diferentes: el perdón personal y la cualificación para el liderazgo. La teología bíblica es sobradamente clara en que no hay pecados imperdonables. Puede que la inmoralidad sexual sea una trasgresión especialmente devastadora —haciendo pedazos el pacto matrimonial, socavando la institución de la familia, arrebatando la fidelidad en las relaciones—, pero no arranca a las personas de la gracia de Dios. Y así la gente puede quedar destrozada al enterarse del fracaso moral de un amigo, pero se alegra cuando una persona humildemente regresa a Dios con verdadero remordimiento.

El perdón de Dios no significa necesariamente la restauración de la responsabilidad del liderazgo. En algunos casos la persona debe quedar inhabilitada permanentemente (por ejemplo, un profesor que se descubre que abusaba psicológica o sexualmente de niños no debería volver a enseñar nunca... jamás). En otros casos puede que se le restituya para el liderazgo después de un tiempo apropiado de restauración moral (el administrador de un hospital regresa al trabajo después de una marcha disciplinaria obligada). E incluso en otras situaciones puede que alguien regrese al liderazgo, en otra forma o contexto (un pastor que se involucró en una relación sexual con una voluntaria abandona el ministerio de la iglesia, pero se convierte en el fundador de un ministerio nacional después de varios años de reparación moral).

Es duro lidiar con situaciones así sin convertirnos en fariseos. No hay leyes explícitas en la Escritura que hablen de lidiar con el fracaso moral porque los legalismos no producen santidad. Cada situación necesita un enfoque serio, respetuoso y cauteloso, buscando la gracia y la verdad de Cristo en cada paso del camino.

Luchar con el sentimiento de fracaso

Si somos sinceros admitiremos ante Dios y ante la gente adecuada en nuestras vidas cuándo hemos fallado en cualquier nivel. No hay razón para guardarlo: aunque casi todos lo hacemos. (Esto no quiere decir que todos los fracasos sean asunto de todo el mundo.) Pretender que somos algo que no somos solamente nos preparará para el fracaso más devastador de todos: la desastrosa caída debida al orgullo.

Pero por otro lado está este problema: cuando vivimos con un sentimiento constante de ineptitud, culpa y fracaso, renqueamos. Deberíamos tener humildad, pero no podemos liderar con un sentimiento de humillación. Se supone que «fracaso» no es una identidad.

Y por si no fuera suficientemente complicado, algunos líderes que se sienten profundamente inseguros lo compensan con una fingida confianza en sí mismos. Es lo peor de ambos mundos: la incompetencia disfrazada de bravuconería. Puede que sea más común de lo que imaginamos.

Existen algunas pautas prácticas para luchar contra un sentimiento de fracaso generalizado:

Cuando sabemos que nos estamos recuperando de un fracaso impor-
tante de nuestra parte, debemos aceptar la vergüenza y la decepción
personal, pero procesar lo que ocurrió con amigos de confianza, com-
pañeros de trabajo, mentores u otros consejeros. Puede que nos sea útil
pensar en esto como un proceso de dolor. Eclesiastés 7.2–4 habla
de ir a la «casa del luto» durante una temporada. No es ahí donde
se supone que vivimos permanentemente, pero es el estado mental apropiado cuando trabajamos con el sentimiento de pérdida que
siempre acompaña al fracaso.

Cuando estemos pasando por un fracaso, debemos convertir este
periodo en un tiempo de aprendizaje. Los mejores y más sabios líderes han aprendido de sus errores en vez de renegar de ellos. Es triste
revisar una ocasión en la que fracasamos, especialmente ya que pone
al descubierto nuestros defectos. Pero cuando lo hacemos, junto con
otras personas que sean imparciales, confiables y perspicaces, estaremos en mejor posición para avanzar.

Aprende prudencia de los fracasos, pero no te vuelvas demasiado cau-
teloso. En esto hay un delicado equilibrio. Algunos errores nos enseñan
dónde fuimos descuidados, demasiado ambiciosos o presuntuosos, y
por eso el fracaso nos enseña a refrenarnos. Pero si vamos con demasiado cuidado mientras avanzamos, entonces el fracaso ciertamente
nos ha derribado.

Cuando tenemos un sentimiento de fracaso pero la gente en la que con-
fiamos nos asegura que solo se trata de nuestra percepción, y no está basado
en la realidad, entonces tenemos que averiguar de dónde viene esa inseguri-
dad. Puede que venga de una serie de desilusiones que hayan producido
una sensación persistente de nerviosismo. Puede que venga de experiencias en otra área de la vida completamente diferente —como un líder
luchando en su matrimonio—, y eso da como resultado una sensación
de fracaso en todas partes. A veces la inseguridad es una cuestión de temperamento. Ha estado ahí todo el tiempo, acechando bajo la superficie.

Lidiar con el fracaso hoy

La cultura de la actualidad no nos ayuda a manejar el fracaso de
un modo saludable. El ritmo, la impaciencia y la superficialidad de

nuestra cultura hacen que lidiar con el fracaso sea una molestia. Ya es suficiente desafío ser valiente para mirar con honestidad al fracaso, pero la tiranía de «lo siguiente» hace que cortocircuitemos el proceso (o nos da una excusa conveniente para no tratar con el fracaso). Estas son las cosas con las que nos enfrentamos:

La mentalidad del arreglo rápido. El ritmo de la vida de hoy nos ha hecho más impacientes, así que buscamos arreglos rápidos cuando deberíamos sentarnos en la escuela del fracaso, ocuparnos del asunto y recuperarnos poco a poco.

La mentalidad del balance de cuentas. Cuando todos los esfuerzos se miden por resultados numéricos nos perderemos los éxitos más importantes, que son intangibles. Evaluaremos numéricamente los resultados pequeños como fracasos. Y puede que estemos ciegos a los fracasos más profundos de carácter que son los que deberían estar captando nuestra atención. El ministerio terrenal de Jesús, juzgado por la hoja de cálculo, fue un fracaso.

La mentalidad superficial. Hoy en día evaluamos nuestros esfuerzos por una ojeada rápida a lo exterior: la imagen, la marca, la aceptación. Sustituimos las relaciones públicas por la credibilidad personal. Nos centramos en la salud física en vez de en la espiritual. Intercambiamos la victoria por la fidelidad.

Esto da que pensar. Sabemos que estas son cuestiones actuales. Los líderes hablan de ellas en sus conferencias. Pero otra cosa es hacer algo acerca de estos patrones poco saludables. Tristemente, a veces es necesario un ataque al corazón, un fracaso moral o una bancarrota para captar nuestra atención y recalibrar nuestros esfuerzos de liderazgo.

Con un tono más positivo, si renovamos nuestro compromiso con la influencia espiritual, adoptando una nueva visión del drástico paradigma bíblico de la sumisión y el servicio, reafirmando que Dios es el único líder de influencia duradera y que nosotros somos sus instrumentos, es posible que podamos tratar con los fracasos devastadores. Puede que un capítulo u otro de nuestras vidas no concuerde con nuestras expectativas, pero Dios está escribiendo toda la historia.

Capítulo 20

SANTIFICAR LA AMBICIÓN

La ambición es un sueño con un motor V-8.

—*Elvis Presley*

Las personas influyentes de una forma poderosa sobre los demás son guiadas por un fuerte deseo. Pero he aquí donde el motivo lo es todo. Una ambición exuberante y desinteresada nos impulsa hacia delante. Pero la ambición que es un camino para agarrar y poseer arruina automáticamente la influencia espiritual, incluso cuando la podredumbre sea invisible a las masas.

Para mucha gente la palabra *ambición* provoca alguna clase de reacción visceral. Para otros, la palabra implica una sensación positiva de energía, motivación y resolución. Otros directamente reaccionan de forma negativa. Ven la ambición como el ejercicio del orgullo y la arrogancia. Es egoísta y ostentosa. Es un toro que te llevará a dar un paseo y te lanzará al suelo.

En los círculos cristianos tenemos sentimientos encontrados acerca de la ambición. Para algunos es pasión y visión divina; para otros es avaricia o competición descarada. Nuestra reacción normalmente está basada en nuestras experiencias pasadas con gente de ambición santificada o egoísta. Y lo cierto es que la mayor parte de nosotros hemos experimentado ambos.

La dinámica más poderosa de la influencia se extiende desde el corazón de la naturaleza humana y por eso no nos sorprende que la ambición sea una expresión de la naturaleza humana creada, hecha a la imagen de Dios. Somos ambiciosos porque Dios es ambicioso. Trabajamos porque Dios trabaja. Nos sentimos impulsados hacia la excelencia porque Dios lo hace. No estamos satisfechos con el statu quo porque Dios no lo está.

Por otra parte, el giro de tuerca en el alma humana se que es el pecado hace que nuestra ambición demasiado a menudo se derive en algo primitivo y oscuro. La Torre de Babel es la historia de la ambición pecaminosa. Conllevó un montón de ambición tratar de construir una torre que llegara hasta el cielo, una ambición ciega fundada en una visión muy pequeña de Dios y una visión muy exagerada de la capacidad humana.[1]

En esencia, la ambición solo es un fuerte deseo de conseguir algo. Es determinación, impulso y trabajo duro. Lo que importa es cómo se aplica, el motivo que hay detrás y los objetivos hacia los que se dirige.

Un joven hombre de negocios se acerca a un consejero espiritual de confianza con un dilema. Le explica que siente un impulso insaciable de hacer crecer su compañía y de hacer tanto dinero como sea posible. Le dice que sabe que está siendo conducido por un cierto objetivo salarial, pero que su verdadera satisfacción viene de saber que el éxito de su compañía significa que puede ofrecer empleo remunerado a cada vez más hombres y mujeres. Se siente sinceramente confuso. ¿Su ambición es algo bueno o malo?

Un pastor de mediana edad que estaba acostumbrado a tener la iglesia más grande de la ciudad está anonadado por el repentino crecimiento de dos nuevas congregaciones. Comienza a usar nuevas

---

1. En el Nuevo Testamento, la palabra que a menudo se traduce por «ambición» significa «fuerte deseo» (*epithumeo*). A veces se usa para el impulso de satisfacer el propósito de Dios, pero la misma palabra se utiliza para decir «codicia» o «avaricia».

técnicas para que la gente entre por la puerta, y funciona. Cree que honra a Dios alcanzando a más gente, pero en lo profundo del corazón sabe que lo que le impulsa es la competitividad y la inseguridad. Mira por encima del hombro al resto de iglesias y líderes. Se siente culpable por ello, pero también se pregunta si la competición tiene que ser obligatoriamente algo malo.

Una mujer consigue un empleo liderando una pequeña organización. Bastante rápido observa importantes oportunidades para la expansión y el crecimiento. Pero la cultura de la organización es muy conservadora y reticente al cambio. Cuando introduce nuevos horizontes, se la acusa de ser demasiado ambiciosa y de abandonar el valor fundamental de trabajo fiel en la organización. Está confusa y herida. Conoce sus motivos, así que, ¿por qué el resto de la gente tiene que acusarla de abarcar demasiado? ¿Y por qué es una acusación tan personal?

¿Entusiasta o reacio?

«Palabra fiel: Si alguno anhela obispado, buena obra desea» (1 Ti 3.1). Ese es el consejo que el apóstol Pablo le da a su joven socio Timoteo, a quien había dejado encargado de buscar y reclutar a líderes en la importante ciudad de Éfeso, donde Pablo había trabajado durante años. Como parte del proceso, Pablo estipula los requerimientos básicos para el servicio (1 Ti 3.2–12), pero también hay un asunto de fondo: ¿qué haces con las aspiraciones de los líderes potenciales? ¿Cómo distinguir a los llamados de aquellos que solamente quieren puestos de influencia?

Debería ser fácil dar por supuesto que el lugar donde comienza el liderazgo es en el deseo de hacerlo. Pero, por otra parte, algunos de los mejores líderes que el mundo ha conocido han sido reacios a tomar el cargo. Si tener ambición por liderar fuera un requisito previo para el liderazgo, entonces uno de los grandes líderes de la historia del mundo habría vivido y muerto en oscuridad: Moisés. Él fue sincero con Dios: «¡Ay, Señor! Envía, te ruego, por medio del que debes enviar» (Ex 4.13). Parte de la reticencia de Moisés era la faceta pública del liderazgo. Sabía que eso significaba hablar en público, y se sentía completamente incapaz de ello. «Nunca he sido hombre de fácil palabra... soy tardo en el habla y torpe de lengua» (Éx 4.10).

Siglos más tarde un hombre llamado Jeremías fue llamado por Dios para llevar a cabo un papel profético. ¿Su respuesta? «No sé hablar, porque soy niño» (Jer 1.6).

La historia se repite muchas veces. Hombres y mujeres de grandes capacidades son llamados a posiciones de poder e influencia, pero se sienten intimidados por la abrumadora tarea. Cuando Harry Truman se convirtió en presidente de Estados Unidos después de la muerte de Franklin Delano Roosevelt, dijo en privado que se sentía como si el cielo, el sol, la luna y todas las estrellas hubieran caído sobre sus hombros. Cuando Gerald Ford se convirtió en presidente tras la renuncia de Richard Nixon, nadie le acusó de buscar aprovecharse del poder. Colin Powell —jefe del Estado Mayor, asesor de seguridad nacional y secretario de Estado—, dijo que él era «el general reticente» porque veía la guerra como un fracaso de la democracia. En cada caso, una vez que se les entregó la responsabilidad, estas personas aceptaron el desafío, aunque no fue la ambición personal lo que les llevó hasta allí.

Aun altamente capacitados, la gente sabia puede que sea renuente a tomar una posición de influencia porque son suficientemente sabios para saber que a menudo eso conlleva un gran coste personal, y no les interesa conseguir el estatus o poder a ningún precio. Esa es una razón para ser cautelosos con la gente que siente un enorme impulso a tomar posiciones de influencia. ¿Lo que tiene en mente es el bien de los demás —que se obtiene solo por trabajo y sacrificio— o es su prestigio y posición?

Así pues, volviendo a «Si alguno anhela obispado, buena obra desea» (1 Ti 3.1), debemos apuntar algunas cosas. *Anhelar* tiene el significado de desear, querer, ansiar. Las otras dos veces en las que esta palabra en particular se utiliza en el Nuevo Testamento se refieren a desear el cielo (Heb 11.16) y a la codicia (1 Ti 6.10, «amor al dinero»), así que los anhelos pueden ser nobles o innobles. Una «noble tarea» quiere decir un buen trabajo, una inversión de tiempo y energía hacia un digno objetivo.

Así que la ambición de liderar es algo bueno cuando su deseo está unido a un fin correcto. Incluso los líderes reticentes al final toman la decisión de responder al llamado. Y si dependen de Dios, su ambición les conducirá a un trabajo que honre a Dios.

Para los de fuera es posible que sea difícil saber qué motivos hay. A veces los líderes con buenos motivos son percibidos arbitrariamente como benefactores de sí mismos, y en ocasiones los líderes con motivos egoístas son realmente buenos enmascarando sus corazones. Solo Dios conoce el corazón, aunque deberíamos escuchar a la gente con discernimiento que hace sonar las alarmas acerca de influyentes ambiciosos que puede que estén guiando a la gente por el camino equivocado.

Ambición santificada

Simón Pedro es el prototipo de la ambición bienintencionada. Constantemente aprovechaba cualquier oportunidad para defender la causa. El primero en contestar a una pregunta, el primero en salir de la barca, el primero en desenvainar la espada. Jesús nunca regañó a Pedro por su ambición. La moderó y la dirigió. Cuando Pedro juró que seguiría a Jesús a cualquier parte, Jesús le advirtió de los días difíciles que venían. Jesús lavó los pies de Pedro; aunque se negó al principio, después se entusiasmó excesivamente. Al dejar el aposento alto para adentrarse en la noche, Pedro le aseguró a Jesús que tenía armas a mano. Jesús le dijo: «Basta», queriendo decir: «Calma, Pedro. Pon los pies en el suelo; abre los ojos».

Pero fue en una conversación después de la resurrección que Jesús santificó realmente la ambición de Pedro. Jesús le pregunta a Pedro tres veces: «¿Me amas?». Las respuestas entusiastas se repitieron tres veces. ¡Sí! ¡Sí! ¡Por supuesto que sí! Entonces Jesús puso a Pedro en la trayectoria hacia la influencia espiritual, tres veces: «Apacienta mis corderos... Pastorea mis ovejas... Apacienta mis ovejas» (ver Jn 21.15–17). En otras palabras: «Pedro, tu ambición estará bien siempre y cuando sea según mis intenciones y dirigida hacia aquellos a quienes ama mi corazón».

El texto bíblico resume todo el paradigma de la influencia espiritual. Jesús es el líder auténtico, la verdadera influencia. Está decidido a cuidar a la gente: sus ovejas y sus corderos. Invita a su discípulo a ser instrumento de ese movimiento arrollador de amor y salvación. Jesús es ambicioso por el bienestar de la gente que él ha rescatado; y nos invita a ser impulsados por esa misma ambición.

No existe ambigüedad acerca de la misión del pueblo de Dios y de sus líderes. Es mucho más sencillo dejar que la ambición de Dios fluya hacia nosotros y después fluya desde nosotros que tratar de generar nuestra propia energía. Y eso es lo que hay que hacer.

La primera epístola de Pedro ofrece la misma perspectiva: «Apacentad la grey de Dios que está entre vosotros, cuidando de ella, no por fuerza, sino *voluntariamente*; no por ganancia deshonesta, sino *con ánimo pronto*» (1 P 5.2, énfasis añadido). La compulsión se amansa por el llamado. La voracidad se anula con el servicio. La ambición puede ser santificada a medida que la influencia espiritual se asienta como cuidado pastoral.

Caminar ligero en la cúpula del poder

Hay un hombre que ha proclamado las buenas nuevas de Jesús a más personas en el mundo que cualquier otro de la historia. Durante un periodo de seis décadas, diversos presidentes de Estados Unidos buscaron su consejo. Atravesó las puertas abiertas de los jefes de estado extranjeros, los líderes de la industria y los líderes religiosos de cualquier clase. Cientos de millones de familias lo conocían a través de la pantalla del televisor. Y todo esto ocurrió porque Billy Graham es un hombre muy ambicioso. Pero fue votado como el hombre más respetado de Estados Unidos año tras año porque a todos les resultaba aparente que era también el más humilde de los líderes. Viajar por el mundo se convirtió en un gran sacrificio personal. Nunca vivió en el lujo. Se prestaba voluntario para ser el centro de atención no porque eso alimentara su ego, sino porque servía para su mensaje. Nadie puede conocer los motivos profundos de otra persona, pero nuestros motivos suelen filtrarse. Graham simplemente fue sincero en todos los aspectos: una cualidad que es difícil de falsificar. Se sintió cautivado por el mensaje de salvación de Cristo. No solo cautivado, sino poseído, obligado y convencido. La fama era una torpe consecuencia.

Billy Graham debía tener ambición —un impulso, un deseo, un hambre—, de otro modo no habría permanecido semanas predicando en reuniones de avivamiento en grandes carpas. No habría experimentado con la nueva plataforma de comunicación de la televisión en los años 50, ni se hubiera comprometido a las retransmisiones nacionales. No habría sido capaz de levantar cientos de millones de dólares. No habría comenzado publicaciones como la revista *Decision* [Decisión] y *Cristianismo hoy*. No habría fundado escuelas.

¿Es posible tener una enorme ambición y que eso no corrompa a una figura? La historia de Billy Graham así lo sugiere.

Qué hacer con la ambición

La gente que quiere ser una influencia espiritual, ¿cómo atiza el fuego de la ambición mientras se asegura de tenerlo bajo control?

Primero, debemos sentidos cautivados por la verdad de Dios en Cristo, y dejarnos llevar por el movimiento del Espíritu de Dios en el mundo. Debemos tener un sentimiento de asombro y temor ante ello. Debemos vernos como pequeños barcos en un gran mar con duros vientos. Debemos mantenernos en perspectiva. Entonces es posible tener una enorme cantidad de ambición, porque está dirigida hacia la misión de Dios y activada por su poder.

Segundo, nuestra ambición puede incrementarse si acumulamos «victorias», esto es, cuando nos activamos por los frutos del buen trabajo. La satisfacción de un trabajo bien hecho tiene un efecto vigorizador. Deberíamos tomar un tiempo para celebrar los logros, siempre dándole el mérito a todo aquel que haya tenido que ver en el esfuerzo exitoso. Si nos marchamos corriendo a la siguiente tarea, habremos perdido una oportunidad de recargar nuestras ambiciones.

Tercero, debemos unirnos a otros en el trabajo de la influencia espiritual. Los líderes solitarios, los independientes o separados de otros líderes, siempre corren un mayor riesgo de volverse ciegos a los motivos que hay detrás de sus ambiciones. Cuanto más lidera alguien, más grande es el peligro de que viva en una burbuja. La naturaleza humana hace que nos reunamos con gente que nos gusta y a la que gustamos, gente que refuerce nuestras propias motivaciones secretas. Las perspectivas alternativas se arrinconan en el fondo. La ambición adecuada se vuelve ambición ciega. Y después la ambición ciega se vuelve en lo que los escritores de las epístolas llaman «ambición egoísta».

Cuarto, a la ambición se le debe unir la sabiduría: ese fundamento de valores que nos mantienen centrados en lo que es bueno y conectados con la mente de Dios. El libro de Santiago dice: «¿Quién es sabio y entendido entre vosotros? Muestre por la buena conducta sus obras en sabia mansedumbre. Pero si tenéis celos amargos y contención en vuestro corazón, no os jactéis, ni mintáis contra la verdad; porque esta sabiduría no es la que desciende de lo alto, sino terrenal, animal, diabólica. Porque donde hay celos y contención, allí hay perturbación y toda obra perversa» (Stg 3.13–16).

Quinto, debemos pedirle a Dios que aumente nuestra ambición. Si permanecemos atentos y nuestros valores están asentados en la ética del reino de Dios, tenemos todas las razones para ser más ambiciosos. La ambición generada por Dios hace del líder un buey que tira de un arado, en vez de ser un toro fuera de control.

Oportunidades para la ambición divina

El mundo de hoy ofrece emocionantes nuevas oportunidades para una ambición divina que esté sujeta a propósitos consecuentes con el reino de Dios. La globalización ha hecho posible que un trabajo con integridad espiritual explore las dimensiones transculturales casi inmediatamente. La ambición y la capacidad de mucha gente de viajar por el mundo, confinado en el pasado a la clases altas, hace posible que las experiencias y las relaciones transculturales maduren muchas iniciativas espirituales diferentes. La democratización de las comunicaciones a través de Internet ha hecho posible que la gente ambiciosa forme redes de trabajo y relaciones virtuales (que siendo optimistas llevarán a relaciones reales) a bajo coste y con poco tiempo de espera.

Nuevas e impresionantes empresas desarrolladas por emprendedores ambiciosos ahora pueden llevarse a cabo a pequeña escala, sin la demora de tener que crear una gran infraestructura: por ejemplo, los muchos ejemplos humanitarios que se han creado para conectar a la gente con recursos con la gente con necesidades.

Santificar la ambición hace posible que multitudes cuyos nombres nunca saldrán a la luz, que nunca escribirán un libro ni fundarán una organización, sean parte de iniciativas que transformen vidas. En 1 Tesalonicenses 4.11–12 se describe la clase de ambición «de todo el mundo» que podría ser la historia de la iniciativa espiritual hoy: «Que procuréis tener tranquilidad, y ocuparos en vuestros negocios, y trabajar con vuestras manos de la manera que os hemos mandado, a fin de que os conduzcáis honradamente para con los de afuera, y no tengáis necesidad de nada».

Algunas palabras finales

Cuando un Albert Einstein de cinco años se encontró con una brújula cuya aguja mágica se movía como si una mano invisible la estuviera dirigiendo, tuvo una sensación de asombro que le acompañó el resto de su vida. Esta convicción de que «algo profundamente escondido debe estar detrás de las cosas» fue central para la pasión y curiosidad que le impulsaron a entender la física del universo y a producir un trabajo que le hizo ganar la etiqueta de la revista *Time* de ser la persona más influyente del siglo veinte.

Por supuesto que la brújula tiene una importancia simbólica que va más allá de su poder escondido. Una brújula apunta en una dirección. Te orienta. Le dice a la gente dónde están en el mundo. La brújula guía barcos y salva excursionistas. Proporciona consuelo.

Ahora aplica la analogía a la influencia espiritual. Si es verdad que hay un Dios creador que hizo algo más que darle forma a los campos magnéticos de los planetas, cuyo poder escondido es vida, luz y bondad, salud y plenitud, armonía y vínculo... ¿hay algo más influyente que la gente pueda necesitar hoy? ¿Y algo más constructivo que pueda formar la vida de las organizaciones, compañías e incluso naciones?

Necesitamos gente que responda al llamado de la influencia espiritual. No solamente unos pocos que elijamos para el cargo, o contratemos como ejecutivos, o pongamos en la televisión nacional. Necesitamos ejércitos de influyentes que comprendan que su mayor llamado es buscar efectos duraderos en las vidas de la gente, no solo conseguir que la gente haga cosas. Necesitamos muchos porque necesitamos proximidad. Pregunta a la gente por el nombre de la persona que ha sido la mayor influencia espiritual en sus vidas y casi siempre te darán el nombre de alguien que conocieron en persona. Alguien que les habló directamente. Un patrón de millones de conexiones así —persona a persona, cara a cara— es nuestra mejor esperanza de transformación.

La influencia y el liderazgo comienzan con las fuerzas que actúan en lo profundo de nosotros antes de que empecemos siquiera a influir en los demás. El reino de Dios puede que comience tan pequeño como una semilla de mostaza, pero se extiende como la levadura, cambiando todas las áreas de la vida. Cómo Dios puede usar a gente tan diversa como nosotros es un misterio. Que quiera incluso hacerlo es una maravilla.

CONCLUSIÓN
DESDE AQUÍ, ¿ADÓNDE VAMOS?

En este libro hemos hablado de veinte temas diferentes que se enmarcan en a) poner las bases, b) tomar la iniciativa, c) profundizar y d) enfrentar los desafíos. Cada uno de nosotros pasará por fases en que una o varias de estas dinámicas serán más importantes.

Alguien pensará: «Necesito estar más conectado con Dios. Aprender o reaprender lo que es seguir a Cristo. Construir la integridad de mi vida personal. He estado tratando de ser una buena influencia, pero no he apreciado el poder de la influencia de Dios en mí primero».

Otro dirá: «Necesito pasar a la acción, tomar la iniciativa en lo que ya poseo. Sé lo que está bien. Conozco lo que hay que hacer. No hay tiempo para dudar. Las necesidades son demasiado grandes. Los riesgos demasiado altos. Escucho la voz de Dios desafiándome para que ejercite la influencia aprovechando las oportunidades, explorando nuevos horizontes, siendo suficientemente audaz para hacer justicia y amar la misericordia».

Sin embargo, otra persona tendrá esta convicción: «Necesito profundizar. Mi influencia y mi liderazgo han sido superficiales. Puramente pragmáticos. Sé que necesito aprehender la profunda sabiduría de Dios... y su poder, autoridad y verdad. Necesito parar de flexionar mis músculos, y en vez de eso atarme al inmenso y misterioso poder del Espíritu de Dios. No solo quiero influenciar a la gente moviendo cuerpos de un lado a otro. Quiero ser usado por Dios para tener un efecto duradero en las vidas de las personas».

Y otra persona diferente pensará: «Me doy cuenta ahora de que estoy limitado por los desafíos a los que tengo que enfrentarme. He prestado más atención a las expectativas de la gente que a las de Dios. No me percaté de que mis heridas sangraban, que renqueaba por las críticas y estaba paralizado por un sentimiento de fracaso. Necesito la paciencia, el perdón, el apoyo y la guía de Dios. Sé que necesito perseverar y ser constante».

Esto hay que repetirlo encarecidamente: dado el estado del mundo en el que vivimos, necesitamos ejércitos enteros de creyentes que se levanten y sean poderosas influencias espirituales. En cada ruedo de la sociedad —en la iglesia, en el mercado, en la educación, en la vida comunitaria, en la familia— necesitamos personas que hayan recibido las cosas profundas de Dios y las compartan. Necesitamos seguidores de Cristo sedientos y que deseen ayudar a todos los sedientos: «Si alguno tiene sed, venga a mí y beba. El que cree en mí, como dice la Escritura, de su interior correrán ríos de agua viva» (Jn 7.37–38).

Necesitamos líderes empresariales que valoren instruir a las personas a la vez que obtienen buenos resultados. Necesitamos profesores que, por su fe, les ofrezcan sabiduría y no solo conocimientos a sus estudiantes. Necesitamos pastores que se esfuercen al máximo para discernir los movimientos espirituales dentro de sus congregaciones y descubran la guía de Dios para el futuro. Necesitamos trabajadores del sector sanitario que respeten la totalidad de la persona. Necesitamos reformadores sociales que asuman el riesgo de defender la justicia en circunstancias peligrosas y que se comprometan a décadas de trabajo para hacer mella en la conciencia de la sociedad. Necesitamos editores que cuenten la verdad, abogados que tengan una ética impecable, profesionales de la comunicación que desarrollen mensajes con significado real. Necesitamos padres que comprendan que influyen en sus hijos de una forma tan profunda cada día que busquen el poder santificador del Espíritu.

Y, lo más importante, necesitamos influyentes a los que les importe. Los líderes que son metales que suenan y címbalos que retiñen (1 Co

13.1) son fáciles de conseguir. Lo que necesitamos son personas influyentes que comprendan el llamado definitivo de Jesús a amarle a él amando a quienes él ama (Jn 21.15–17). Necesitamos seguidores de Cristo que compartan su visión de la necesidad humana: «Recorría Jesús todas las ciudades y aldeas, enseñando en las sinagogas de ellos, y predicando el evangelio del reino, y sanando toda enfermedad y toda dolencia en el pueblo. Y al ver las multitudes, tuvo compasión de ellas; porque estaban desamparadas y dispersas como ovejas que no tienen pastor. Entonces dijo a sus discípulos: A la verdad la mies es mucha, mas los obreros pocos. Rogad, pues, al Señor de la mies, que envíe obreros a su mies» (Mt 9.35–38).

Una cosa es darte cuenta de que puedes influir en otras personas; otra es guiarte por una compasión que hará que influyas por la razón correcta. Esto significa influir porque permitimos ser cargados, descorazonados y frustrados porque no hay otro modo de cerrar la brecha. Aceptamos la realidad de que las cosas no son como se supone que deben ser... y después rechazamos la idea de que dejaremos las cosas como están. Miramos el panorama de nuestros vecindarios, iglesias, países y de nuestro mundo... y un profundo deseo hace que nos duela el alma. Y entonces nos ponemos a trabajar.

Nos agradaría recibir noticias suyas.
Por favor, envíe sus comentarios sobre este libro
a la dirección que aparece a continuación.
Muchas gracias.

Vida@zondervan.com
www.editorialvida.com